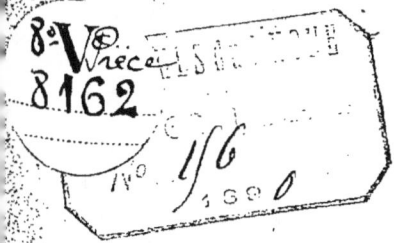

LE

COMMERCE DE MARSEILLE

AVEC LE LEVANT

PENDANT LES CROISADES

PAR

J. MARCHAND

DOCTEUR ÈS-LETTRES, AGRÉGÉ D'HISTOIRE
INSPECTEUR D'ACADÉMIE

MARSEILLE

TYPOGRAPHIE ET LITHOGRAPHIE BARLATIER ET BARTHELET

Rue Venture, 19

—

1890

TOUS DROITS RÉSERVÉS

LE COMMERCE DE MARSEILLE

AVEC LE LEVANT

PENDANT LES CROISADES

LE

COMMERCE DE MARSEILLE

AVEC LE LEVANT

PENDANT LES CROISADES

PAR

J. MARCHAND

DOCTEUR ÈS-LETTRES, AGRÉGÉ D'HISTOIRE
INSPECTEUR D'ACADÉMIE

MARSEILLE

TYPOGRAPHIE ET LITHOGRAPHIE BARLATIER ET BARTHELET

Rue Venture, 19

1890

COMMERCE DE MARSEILLE AVEC LE LEVANT

PENDANT LES CROISADES (¹)

Marseille doit à ses relations avec les pays du Levant, une bonne part de sa fortune commerciale. Ces relations sont aussi anciennes que la cité phocéenne elle-même, mais elles ont subi de singulières

(1) SOURCES. — 1° *Chartes* accordées aux Marseillais par les rois ou princes latins, savoir : par Baudouin 1ᵉʳ, roi de Jérusalem en 1117 (aujourd'hui perdue, mentionnée par RUFFI, *Hist. de Marseille*, p. 318) ; par Foulques de Neuilly, en 1136 (Arch. de l'Hôtel-de-Ville de Marseille, Aa, 1 ; PAPON, *Hist. de Provence*, t. II, preuves n° 14 ;) par Baudouin III, en 1152; (PAPON, t. II, preuves, n° 18; MÉRY et GUINDON, *Hist. des Actes de la municipalité de Marseille*, t. I, p. 183); par Conrad de Montferrat, en 1187 (MÉRY et GUINDON, p. 190); par Guy de Lusignan, en 1190 (Papon, t. II., preuves, n° 25 : MÉRY et GUINDON, p. 194); par Amaury, roi des Latins et de Chypre, en 1198, (ibid., p. 186); par Jean de Brienne, en 1212 (Arch. de Marseille, Aa, 14); par Robert, comte de Béryte, en 1123, (MÉRY et GUINDON, p. 287).

2° *Recueils de Documents.* — *Statuts commerciaux de Marseille* (1228) et *Statuts de Marseille* (1255), publiés par MÉRY et GUINDON (ouvr. cité, t. IV). — PARDESSUS : *Recueil des Lois Maritimes*, 1831 (t. II : *Du Consulat de mer*).— *Pacta naulorum*, publiés par A. JAL (Collection des Documents inédits sur l'Histoire de France, t. I, p. 507-615), 1841. — L. DE MAS-LATRIE : *Traités de paix et commerce concernant les relations des chrétiens avec les Arabes de l'Afrique septentrionale au moyen-âge*, 1868. — L. BLANCARD, *Documents inédits sur le commerce de Marseille au moyen-âge*, 2 vol., 1884-85.

3° *Ouvrages divers.* — RUFFI, *Hist. de Marseille*, 1696. — PAPON, *Hist. de Provence*, 2 vol., 1786. — MÉRY et GUINDON, *Hist. des Actes et délibérations du Corps et du Conseil de la Municipalité de Marseille*, 8 vol., 1842-1873. — J. JULLIANY, *Hist. du Commerce de Marseille*, 3 vol., 1842. — DEPPING, *Hist. du commerce entre le Levant et l'Europe, depuis les croisades jusqu'à la fondation des colonies d'Amérique*, 2 vol., 1830. — A. JAL, *Archéologie navale*, 2 vol., 1840. — E. REY, *Les colonies franques de Syrie*, 1883. — DELAVILLE LE ROULX, *La France en Orient, au XIVᵉ siècle*, 1885. — W. HEYD, *Histoire du commerce du Levant au moyen-âge*, trad. F. Raynaud, 2 vol., 1885-86. — H. PIGEONNEAU, *Histoire du commerce de la France*, tome I, 1885. — L. BLANCARD, *Essai sur les monnaies de Charles 1ᵉʳ, comte de Provence*, 1868 ; *Note sur la lettre de change à Marseille au XIIIᵉ siècle*, 1878 ; *Le besant d'or sarrazinas pendant les croisades*, 1880.

vicissitudes, conséquences des révolutions politiques dont les pays méditerranéens étaient le théâtre. Interrompues à plusieurs reprises par des guerres de nature diverse, on les a vues renaître dès que le calme s'est rétabli et persister même à travers les luttes religieuses ou autres qui, si longtemps, ont mis aux prises l'Orient et l'Occident. Au milieu de tant d'alternatives de prospérité ou de décadence qu'offre l'histoire du commerce marseillais en Orient, la période des croisades se détache avec un relief particulièrement vigoureux. C'est le moment où Marseille donne à l'Orient, non seulement ses produits, mais aussi ses pèlerins, ses soldats, ses colons, où, à son tour, elle prend position dans la Syrie récemment soumise au nom chrétien. Sans doute, Marseille n'a jamais égalé les grandes républiques italiennes ni par l'étendue de ses conquêtes, ni par l'importance de son commerce. Il nous semble cependant que l'œuvre de ses négociants et de ses colons mérite d'être rappelée à côté de celle — plus considérable, il est vrai — des Pisans, des Vénitiens et des Génois.

I. — Coup d'œil sur l'état politique et le commerce de Marseille, vers le XIII° siècle.

L'histoire commerciale de Marseille ne doit pas être séparée de son histoire politique. Souvent l'une explique l'autre ; à les isoler, on risque de les méconnaître toutes les deux. Au moyen-âge, les intérêts politiques et commerciaux de la vieille cité phocéenne se mêlent plus que jamais ; au XIII° siècle surtout, ils deviennent inséparables. A cette époque, Marseille conquiert une indépendance administrative presque complète ; son commerce atteint une prospérité qu'il ne connaissait plus depuis bien des siècles.

Marseille n'avait jamais confondu ses destinées avec celles des pays qui l'entourent. Grecque au temps de la Gaule indépendante, elle ne se romanisa jamais complètement. Après les invasions, elle n'appartint réellement pas aux Barbares, ni même aux Francs mérovingiens ou carlovingiens. Dans le royaume féodal des Bosons, comme plus tard dans le comté de Provence, elle sut s'isoler encore et, avec quelques villes ou villages voisins, elle forma une vicomté particulière sur laquelle les comtes de Provence n'exercèrent bientôt qu'une lointaine souveraineté. Le vicomte de Marseille s'intitulait vicomte par la grâce de Dieu, et n'était tenu, à l'égard du comte, qu'à un simple service de chevauchée.

Les vicomtes eux-mêmes ne surent pas maintenir leur autorité contre les entreprises des marchands et bourgeois qui formaient l'*université* marseillaise. Trop occupés de soins pieux, ils se ruinèrent à enrichir les églises et les monastères, ceux surtout de Montrieux, de Saint-Victor et de Montmajour. Ils en vinrent, pour payer leurs dettes, à engager leurs droits utiles. D'ailleurs c'était un usage ancien que l'héritage du vicomte défunt fût partagé entre tous ses héritiers. De là, un morcellement de la souveraineté vicomtale qui, une fois commencé, ne s'arrêta plus. Les vicomtes ne virent bientôt plus dans leur autorité, réduite en poussière, que quelques impôts à percevoir, et toujours besogneux, vendirent ces impôts au plus offrant. Au reste, l'université sut, au besoin, forcer leurs scrupules et triompher de leurs résistances.

Roncelin, dont on connaît l'histoire si agitée, avait donné le fâcheux exemple, en engageant à Guillaume Anselme ses droits sur une partie du port. Aussitôt la Communauté entre en marché avec Anselme, lui rembourse les mille livres couronnées [1] qu'il avait payées à Roncelin, et se trouve en possession des anciens droits du vicomte. La même année (1211), Roncelin vendait directement aux Marseillais, moyennant 1600 livres [2] couronnées, le huitième de ses droits vicomtaux. Un peu plus tard, il lui cédait, pour 600 livres royales [3], le reste de sa souveraineté.

Successivement, Geoffroi Raimond et ses deux fils, Geoffroi Reforciat et Burgundio vendirent à la communauté de Marseille,

---

(1) Le denier royal coronat, le sou royal coronat et la livre de royaux couronnés étaient la monnaie courante en Provence dans la première moitié du XIIIᵉ siècle. Elle était au type et au nom des rois d'Aragon, comtes et marquis de Provence.

Le denier comprenait un tiers d'argent et deux tiers de cuivre; il pesait 1 gr. 1223 et avait une valeur intrinsèque de 0 fr. 077. — Le sou royal coronat valait 12 deniers, c'est-à-dire environ 1 franc de notre monnaie. Enfin, la livre de royaux couronnés valait vingt sous, c'est-à-dire environ vingt francs de notre monnaie. On sait que le pouvoir de l'argent était au XIIIᵉ siècle six fois supérieur à ce qu'il est aujourd'hui. — Mille livres couronnées valaient donc 20,000 francs de notre monnaie, et en valeur relative, 120,000 francs.

(2) 32,000 francs.

(3) 12,000 francs.

moyennant 143,000 livres royales(¹), d'abord une partie, puis la totalité de leur part de souveraineté. Bientôt, il ne resta plus à acquérir que les deux portions de seigneurie possédées par Hugues de Baux et Gérard Adhémar, époux des nièces de Roncelin, Barrale et Mabile. Hugues de Baux devait aux Marseillais de fortes sommes d'argent. Impuissant à payer, il s'acquitta en leur abandonnant ses droits seigneuriaux. Gérard Adhémar, sous l'impulsion de sa femme Mabile, montra moins de complaisance. Il ne devait rien à l'université et repoussait ses propositions. Les bourgeois eurent alors recours à la violence. Gérard et sa femme furent chassés de Marseille et durent s'estimer heureux de recevoir, pour leur parcelle de vicomté, 5,000 sous royaux et une pension de cent livres par an(²). Quelques ventes moins importantes achevèrent de consacrer l'indépendance de Marseille, laquelle fut reconnue par le comte Bérenger, dernier du nom, moyennant le paiement de 25,000 sous royaux(³), et plus tard, par Raimond, comte de Toulouse, marquis de Provence.

La cité vicomtale que ces différentes acquisitions avaient rendue indépendante ne comprenait d'ailleurs pas la ville de Marseille toute entière. A côté d'elle, se trouvaient la ville abbatiale, placée sous l'autorité du prieur et du chapitre de Saint-Victor, et la ville épiscopale où dominaient l'évêque et son chapitre.

La ville abbatiale ne comprenait que quelques bourgs et châteaux disséminés depuis le Vieux-Port jusqu'à la plaine Saint-Michel.

La ville épiscopale, ou ville supérieure, s'étendait, au contraire, de la Porte-Française, ou porte de la Joliette, jusqu'à l'hôpital Saint-Jean. Elle renfermait trois lieux fortifiés : le Château-Babon, Roquebarbe et le palais de l'Évêque. Le port de la Joliette était le port épiscopal. Les pêcheurs formaient la presque totalité de la population de la ville supérieure. Les chefs de famille y choisissaient, le jour de Saint-Etienne, quatre d'entr'eux (*probi homines piscatorum*) chargés de juger les délits de pêche. Les autres délits étaient soumis à deux juridictions : l'une était celle de l'évêque, laquelle embrassait la portion de la cité épiscopale appelée *villa*

(1) 2,860,000 francs.
(2) 5,000 francs et une pension de 2,000 livres.
(3) 25,000 francs.

episcopalis Turrium; l'autre se trouvait attribuée au prévôt du chapitre et comprenait le seconde portion de la cité supérieure appelée *villa præposituræ.* Quarante-cinq membres composaient le Conseil de l'évêque ; vingt-cinq, celui de la prévôté. L'évêque établissait un juge dans sa *villa Turrium,* et le prévôt en établissait un autre dans la *villa præposituræ.* Un autre juge de l'évêque, supérieur aux deux premiers, prononçait sur appel et en dernier ressort. L'évêque ne se reconnaissait vassal que de l'empereur.

La ville vicomtale était de beaucoup la plus importante. Elle s'étendait du Vieux-Port aux limites de la ville épiscopale, dont elle était séparée tantôt par un mur de clôture et tantôt par des rues seulement. Le mur de clôture commençait à la Porte-Française et finissait à la Tour Sainte-Paule (¹). Les rues qui formaient ensuite la séparation étaient celles des Grands-Carmes, du Vieux-Palais, de l'Échelle, de la Couronne, de la Gavotte, de l'Évêché, Sainte-Marthe, des Belles-Écuelles et du Panier. Parvenue de la rue de l'Évêché à la place de Linche, la limite comprenait les rues du Radeau et de Saint-Laurent et venait finir sur les bords de la mer au pied de l'hôpital Saint-Jean (²).

Grâce aux marchés qu'elle avait si habilement conclus, l'Université marseillaise pouvait, dès le début du XIIIᵉ siècle, se vanter de jouir d'une indépendance complète et de n'avoir d'autre souverain que Dieu (³). Mais, depuis longtemps déjà, elle avait un gouvernement presque autonome, la souveraineté des vicomtes se bornant à la levée de quelques impôts. Le pouvoir appartenait au Conseil de ville et aux recteurs. Ceux-ci étaient élus par le Conseil de ville et investis du pouvoir exécutif. Leur nombre a souvent varié ; ils étaient quelquefois deux ou trois seulement. Dans certains actes, on en trouve jusqu'à douze.

Quand les Marseillais eurent conquis leur autonomie, la cité fut

(1) Aujourd'hui boulevard des Dames.

(2) Outre la partie de la ville de Marseille dont il s'agit ici, la vicomté comprenait, avec une cinquantaine de bourgs et villages : Toulon, Aubagne, Saint-Marcel, Saint-Julien, Roquevaire, Auriol, Allauch, Cassis, Ceyreste, Belcodène, Trets, La Cadière, Le Castelet, Six-Fours, Cuges, Le Beausset, Hyères, Signes, Fos, Gardanne, Les Martigues, Pourrières, Cabrières, Venelles, Fuveau et Gréasque.

(3) Traité avec Nice, 1219. — Méry et Guindon, t. ɪ, p. 435.

administrée, à l'exemple de quelques républiques italiennes, par un magistrat suprême, le podestat, qui devait être étranger. Son lieutenant ou viguier exerçait le pouvoir concurremment avec deux syndics ou consuls choisis parmi les habitants de la ville basse. Mais cet état de choses dura peu, et il avait certainement cessé à l'époque des septième et huitième croisades (¹).

Le Conseil de ville, appelé Conseil général ou Conseil commun, se composait de quatre-vingt-trois membres, dont quatre-vingt bourgeois, négociants ou marchands et trois docteurs en droit, choisis annuellement dans les six quartiers de la cité. Pour être nommé Conseiller, il fallait être citoyen de la ville inférieure, y avoir un domicile réel et ininterrompu depuis cinq ans au moins et posséder cinquante marcs d'argent fin en bien immeubles (²). On ne pouvait être réélu qu'après un intervalle de deux ans. Le Conseil général avait la décision des affaires législatives, la surveillance des magistrats et des fonctionnaires, dont il pouvait provoquer la destitution, le cas échéant. Parfois, dans des cas très graves, on tenait, au cimetière des Accoules, des assemblées générales des citoyens.

Les recteurs avaient le pouvoir exécutif. Ils étaient assistés par trois clavaires ou trésoriers et par trois archivaires, nommés par le Conseil général et qui avaient à la fois le soin des archives et celui des procès de la communauté. Six prud'hommes étaient chargés de l'administration et de la surveillance de l'état maritime et militaire.

Six d'entre les cent chefs de métiers, désignés à cet effet, entraient hebdomadairement et à tour de rôle dans le Conseil de ville.

Tous les officiers étaient élus pour un an, le 29 octobre.

Trois tribunaux rendaient la justice : ceux de Saint-Louis et de Saint-Lazare pour les affaires criminelles, et le troisième, composé de prud'hommes pêcheurs, pour les délits concernant les faits de pêches et pêcheries (³).

(1) On ne trouve, dans les archives, que six noms de podestats. Ces magistrats exercèrent le pouvoir de 1223 à 1229.

(2) Le marc d'argent valait de 53 à 55 francs de notre monnaie actuelle (valeur intrinsèque); cinquante marcs valent donc 2650 à 2750 francs (valeur intrinsèque) et 16000 à 16500 francs (valeur relative).

(3) Statuts de Marseille, liv. 1, ch. 8 et suiv.

Le principal souci de ce gouvernement fut de veiller aux intérêts du commerce. De là, la rédaction des *statuts commerciaux* (1228) et des *statuts municipaux* de Marseille (1255), dont les prescriptions étaient, d'ailleurs, pour la plupart, appliquées depuis longtemps. De là aussi les nombreux traités signés avec Gaëte, Pise, Nice, Ampurias, ou même avec des villes plus voisines telles que Arles, Avignon, etc., pour favoriser et développer le commerce de Marseille en assurant aux négociants et marins marseillais les secours et la protection dont ils pourraient avoir besoin au dehors.

Déjà le commerce de Marseille était fort étendu. Les navires marseillais fréquentaient assidûment les ports français de la Méditerranée. Les commerçants de Marseille avaient les rapports les plus suivis avec Avignon, Nîmes, Montpellier, Carcassonne, Narbonne. Ils se rendaient en grand nombre aux foires du Landit et à celles de Champagne. On les rencontrait notamment à Bar, à Provins et à Troyes. A son tour, Marseille voyait des négociants, venus de toutes les directions, accourir à ses marchés.

Mais c'était surtout le commerce maritime qui faisait la prospérité de Marseille. Les Marseillais parcouraient toute la Méditerranée, de Gibraltar à Alexandrie. Ils entretenaient des relations très suivies avec l'Espagne et l'Italie notamment avec les ports de Gênes, Pise, Final, Sienne, Naples et surtout avec Valence et Barcelone. Ils se portaient encore plus volontiers du côté de l'Afrique septentrionale vers les ports de Ceuta, d'Oran, de Bougie et de Tunis. Ces deux dernières villes possédaient certainement des colonies marseillaises. Marseille y avait des consuls et des fondoucs. Le commerce des Marseillais avec l'Italie et l'Espagne consistait surtout en coton, soie, toiles et vins. Le littoral africain lui fournissait une grande quantité de corail. Marseille exportait surtout des vins en Afrique.

Quant au commerce avec l'Égypte et la Syrie, il n'avait jamais complètement cessé ; mais la fondation de Constantinople et les invasions barbares avaient arrêté son développement. C'est par l'entremise des Grecs que, pendant les premiers siècles du moyen-âge, Marseille, comme les autres villes méditerranéennes, reçut les produits asiatiques. Peut-être des vaisseaux marseillais allèrent-ils chercher en Égypte le papyrus, en Syrie les vins de Gaza et de Sarepta. En tous cas, les Grecs gardèrent la suprématie de la Méditerranée jusqu'au jour où les Arabes vinrent la leur enlever.

L'invasion arabe entrava d'abord les relations commerciales entre l'Orient et l'Occident. Puis le calme s'étant rétabli, le commerce, d'ailleurs, favorisé par les califes, reprit son cours. Au vIII° siècle, les Marseillais recevaient les épices de l'Orient, poivre, girofle, cannelle, nard, dattes. Ces denrées n'étaient pas très rares ; cependant le prix en était élevé ; seuls, les dignitaires ecclésiastiques et les fonctionnaires royaux en faisaient un usage quotidien.

Charlemagne favorisa beaucoup les relations de ses sujets avec le Levant. Le premier, il envoya une ambassade à Haroun-al-Raschid, et, devenu empereur, obtint, sur Jérusalem et les Lieux Saints, une sorte de patronage. Il s'intéressa aux pèlerinages ; mais on ne saurait dire qu'à cette époque des relations régulières existassent entre la France méridionale et le Levant. D'ailleurs, Marseille semblait le céder à Arles, en ce qui concernait le commerce de l'Orient.

Avec les successeurs de Charlemagne s'ouvre pour le commerce marseillais une période désastreuse. Les Arabes pillent et dévastent les côtes de Provence. Marseille est assiégée en 838. Tout vaisseau qui se serait alors hasardé à faire voile de Provence vers le Levant eût été pris. Les pèlerins allaient donc s'embarquer en Italie, et c'est également par l'Italie que nous arrivaient les produits du Levant.

Les Juifs eurent une grande part à ce commerce. Il y en avait beaucoup à Marseille. Comme ils avaient des colonies échelonnées sur toutes les côtes de l'Espagne à la Chine, le commerce leur était facile. Ils transportaient d'Occident en Orient des eunuques, des esclaves des deux sexes, de la soie et des fourrures ; d'Orient en Occident, du musc, de l'aloès, du camphre, de la cannelle et d'autres produits analogues.

Les Croisades firent naître des besoins nouveaux et donnèrent, en même temps, le moyen de les satisfaire. Les croisés établis en Terre Sainte ne pouvaient se passer des produits de l'Occident ; revenus en Europe, ils y apportaient le goût des choses de l'Orient. Les rois latins, dans des vues fiscales ou en récompense de services rendus, accordèrent aux négociants établis dans leurs états d'énormes privilèges. D'autre part, le transport des armées et des pèlerins fournit au commerce des armateurs un aliment bien plus considérable que par le passé. Enfin, le contact plus direct que les Croisades firent naître entre les Européens et les Musulmans devait avoir pour résultat l'établissement de relations qui survécurent aux Croisades mêmes. Marseille fut au premier rang des cités à qui ces expéditions profitèrent ; son commerce y puisa une vigueur nouvelle qui ne se ralentit que lentement, après la croisade de Tunis et la chute définitive de la domination latine en Orient.

II. — *L'industrie des transports : Soldats et pèlerins.*

Le commerce de Marseille avec le Levant prit, à l'époque des Croisades, des formes diverses. En même temps qu'ils importaient ou qu'ils exportaient une plus grande quantité de marchandises en provenance ou à destination du Levant, les Marseillais firent servir leurs vaisseaux au transport des armées ou des pèlerins. Ce fut pour leur marine de commerce une source considérable de bénéfices. Il convient donc de considérer le commerce de Marseille avec les pays d'outre-mer sous trois aspects différents : l'industrie des transports, les échanges de marchandises, la fondation de colonies de commerce. L'industrie des transports nous occupera en premier lieu. Elle comprend les transports militaires et les entreprises de pèlerinages.

L'industrie des transports militaires est née des croisades, mais c'est seulement à la fin du xiiᵉ siècle et pendant le treizième qu'elle semble avoir atteint une grande activité. Non que les Marseillais aient attendu ce moment pour se rendre en Terre Sainte ; mais on sait que les deux premières expéditions empruntèrent la route de terre. A partir de 1180 seulement, les croisés, éclairés par une cruelle expérience, se résolurent à prendre la voie de mer. C'est alors que les armateurs marseillais commencèrent à retirer du transport des croisés un bénéfice direct.

Si Marseille eût été ville de domination royale, elle fût sans doute devenue le principal port d'embarquement des armées françaises. Mais les rois de France la considéraient comme ville étrangère et malgré les ressources qu'elle offrait, lui préférèrent d'autres cités à eux directement soumises ou même des villes italiennes, comme Gênes par exemple. En revanche Marseille eut une nombreuse clientèle de princes français et étrangers. Saint-Louis lui-même, en dépit des faveurs dont il combla Aigues-Mortes, finit par se rendre compte des services que les armateurs marseillais pouvaient lui rendre et, comme on le verra, leur emprunta, à plusieurs reprises, des vaisseaux.

Il ne saurait être question de rechercher, même d'une manière approximative, le chiffre des vaisseaux employés au transport des croisés. Observons seulement que la Communauté de Marseille ne pouvait offrir aux chefs des croisades des flottes pareilles à celles des grandes républiques italiennes, de Venise surtout. La Communauté se chargea même rarement de transporter elle-même les armées en Syrie. Quand ses vaisseaux n'étaient pas occupés à un service public, elle les louait à des particuliers qui se chargeaient eux-mêmes de les affréter. Au reste, les vaisseaux que les croisés louaient à Marseille appartenaient, pour la plupart, à des particuliers. Souvent deux ou trois commerçants s'associaient pour armer un navire, qu'ils possédaient dès lors en commun. Le bénéfice était partagé entre les associés au prorata de la mise de fonds de chacun (1).

Les documents ne permettent pas non plus d'énumérer toutes les expéditions où figurèrent vraisemblablement des vaisseaux marseillais. Quelques exemples permettront, d'ailleurs, de montrer qu'en plus d'une croisade, ces vaisseaux ajoutèrent aux flottes françaises ou étrangères un appoint important et de déterminer des conditions suivant lesquelles ils étaient loués.

On sait, notamment, que Richard Cœur-de-Lion, roi d'Angleterre, vint s'embarquer à Marseille, à son départ pour la troisième croisade. A la même époque, Marseille vit sortir de son port bon nombre de princes et de chevaliers qui se rendaient au siège de Tyr. Tels Robert, comte de Dreux et son frère Philippe, évêque de Beauvais, Thibaut, comte de Chartres, Etienne, comte de Sancerre et Rodolphe, comte de Clermont. De même à leur retour des Lieux Saints, Bérengère, épouse de Richard Cœur de Lion et sa sœur Jeanne, épouse du roi de Sicile, débarquèrent à Marseille et furent reçus par Alphonse, comte de Provence avec tous les honneurs qui leur étaient dûs.

Les renseignements précis font défaut pour la première moitié

(1) Pardessus, *Du Consulat de la mer*, t. II, ch. 165, 176.

du xiii° siècle. L'histoire a conservé seulement le souvenir d'une
expédition faite en 1241 et à laquelle prirent part des vaisseaux
armés à Marseille. Au contraire, on a des textes nombreux, qui se
rapportent aux deux croisades de Saint-Louis. En 1248, Marseille
envoya en Terre-Sainte un grand nombre de nefs montées par
quelques-uns des princes les plus célèbres de la chrétienté. Thibaut, comte de Champagne, le roi de Navarre, les ducs de Bourgogne et de Bretagne, Pierre Mauclerc, Henri, comte de Bar,
Amaury de Montfort et d'autres princes encore, accompagnés
d'une nombreuse et vaillante noblesse, armèrent des vaisseaux
marseillais pour se rendre à la croisade. Joinville et son cousin,
le comte de Sarrebruck, louèrent également une nef marseillaise
pour accompagner le roi. Et de même Guy, comte de Forez, Jean,
comte de Dreux et Geoffroy, évêque de Tours (¹). Saint-Louis
lui-même, bien qu'il eût l'intention de s'embarquer à Aigues-
Mortes, envoya à Marseille un messager, le frère Andreas Pol-
linus, prieur de Saint-Jean de Jérusalem pour louer des vaisseaux marseillais. Nous avons l'acte par lequel les syndics de
l'université de Marseille, Guilhelme De la Mer et Pierre Du Temple traitaient avec l'envoyé du roi pour la fourniture de vingt
vaisseaux de transport. Enfin, en 1268, Marseille faisait offrir à
Saint-Louis, près de partir pour Tunis, des vaisseaux à louer
soit en entier, soit à raison de tant par place (²).

Les contrats de louage conclus en 1247 entre les Marseillais
et quelques-uns des princes croisés et les traités signés, en 1246 et
en 1248, par les syndics de l'université Marseillaise et les envoyés
du roi Louis IX, pour la fourniture d'un certain nombre de vaisseaux, nous font connaître, par le détail, les conditions dans
lesquelles s'opérait le transport des croisés en Terre-Sainte, les
obligations imposées aux armateurs, le prix du fret, les dimensions moyennes des vaisseaux et le nombre des passagers qui
pouvaient s'y embarquer. Nous connaissons, par eux, d'une façon
à peu près complète, l'importante industrie des transports.

C'est ainsi, par exemple, que le traité conclu en 1246, avec le
comte de Forez pour la location du vaisseau la *Bonaventure*

---

(1) Blancard, *Doc. inéd.*, t. II, n° 549, 777, 878: 155.
(2) *Pacta Naulorum*, p. 605, 609, 614.

renferme les prescriptions les plus minutieuses au sujet de l'armement de ce navire. Il indique le nombre de voiles, de mâts et de vergues qu'il doit posséder. On y voit que les voiles doivent être en coton neuf et de bonne qualité, les mâts en bois dur. C'est que ce navire était encore le chantier; s'il s'agissait de vaisseaux ayant déjà servi, on s'inquiétait de leur âge. Après six ans de mer, un navire était réputé peu solide et on hésitait à le louer. L'équipage de chaque vaisseau marseillais était généralement fixé à quarante ou cinquante hommes.

Les entrepreneurs de transports devaient faire des provisions suffisantes même pour le cas où des retards se produiraient au cours du voyage. On s'occupait en particulier de l'eau et du vin à emporter. La ration d'eau était fixée à une millerole par homme (1) et à quatorze milleroles par cheval. Les documents ne fixent pas les rations de vin. Les vivres consistaient surtout en viandes salées (2).

Les soldats pouvaient emporter avec eux ce qu'ils voulaient, mais en payant le fret. Le transport d'un quintal de farine coûtait trois sous tournois, celui d'un quintal de viande deux sous; celui d'une millerole de vin, trois sous.

Le prix du nolis n'était pas payé en une seule fois. En général, le paiement s'effectuait en deux termes: partie le jour de la location, partie plus tard. Guy de Forez devait payer le nolis de la *Bonaventure* savoir trois cents marcs le jeudi de la semaine qui suivait la location; le reste avant que le navire fût amené à Marseille. Le prix de la *Benedicte* devait se payer, moitié (soit huit cents livres tournois) dans trois semaines, aux foires prochaines de mai à Provins, et l'autre moitié dans six semaines. Quant au troisième vaisseau qui portait aussi le nom de *Bonaventure*, le prix en fut payé en partie (c'est-à-dire cent cinquante marcs) le jour du contrat, le reste à une époque que les contrats n'avaient pas déterminée.

Les contrats stipulent des amendes pour le cas où les vaisseaux ne seraient pas prêts au jour dit, et pour celui où les paiements ne seraient pas régulièrement effectués. Ces amendes sont tantôt de cinquante marcs d'argent et tantôt de cent cinquante

(1) La millerole vaut environ 67 litres.
(2) *Statuts de Marseille*, liv. III, chap. xxxiv.

marcs. Tantôt le contrat devait avoir son effet même, en cas de retard, tantôt il pouvait être rompu. Des prud'hommes étaient chargés de veiller à ce que les engagements fussent tenus de part et d'autre. Ils étaient quatre, d'après le traité de Marseille avec Louis IX ; deux choisis par le roi, et deux par l'université marseillaise.

Il faut remarquer que ces contrats étaient conclus longtemps à l'avance. Les princes chrétiens pouvaient craindre en effet qu'au moment même du départ, les vaisseaux fussent plus rares et par conséquent plus chers. Quant au roi Saint-Louis, on a vu qu'il s'était occupé d'organiser sa flotte une première fois dès l'année 1246, et, plus tard, dès l'année 1268.

Les contrats étaient signés tantôt près des tables de changeurs, tantôt dans la maison ou, comme disent les Chartes, dans la « Trésorerie » du Temple. On y ajoutait une foule de formules de serment. Chaque partie engageait non-seulement sa foi, mais encore ses biens présents et à venir. On renonçait à toute exception ainsi qu'aux privilèges inscrits dans les Constitutions impériales. Plusieurs témoins étaient appelés : c'étaient des chevaliers, des commerçants ou même des clercs. A n'examiner que les formules et les contrats, on peut déjà comprendre quel profit le commerce marseillais retirait de la location de ses vaisseaux pour le service des croisés.

Le mode de louage n'était pas toujours le même. Le vaisseau pouvait se louer soit en entier, soit à un prix convenu par place d'homme ou de cheval. Ce dernier usage était le plus répandu à Marseille. Nous voyons, en effet, les envoyés de la Communauté marseillaise offrir à Louis IX, en 1268, de lui louer les vaisseaux de la république, soit en bloc, soit à la place, « *comme c'était la coutume des Marseillais.* » Néanmoins, cet usage n'était pas exclusif.

Le prix du nolis était variable. On vit, à Marseille, des vaisseaux se louer huit cents, mille et treize cents marcs. En 1268, les Marseillais demandent à Louis IX, huit cents marcs par vaisseau ; ils avaient demandé mille marcs en 1246 ; mais il s'agissait sans doute de vaisseaux plus grands. Les prix des vaisseaux loués, pour la septième croisade, à divers seigneurs, étaient sensiblement les mêmes. Le comte de Forez avait payé pour sa nef neuf cent quatre-vingt-cinq marcs. Jean de Dreux et l'évêque de Tours avaient payé, l'un mille cinquante marcs, l'autre deux mille six

cents livres, à raison de deux livres et demie par marc (¹).

Quant aux navires loués à la place, on y distinguait trois classes de passagers : ceux de château, de pont ou de paradis, qui étaient les mieux traités ; ceux du premier et du second entrepont, qui formaient le gros de l'armée. Une place de première classe coûtait soixante sous tournois (²) ; en deuxième classe, on payait trente-cinq sous (³) ; en troisième, vingt-cinq. Mais la plupart du temps, les chevaux occupaient tout le second entrepont. Le passage d'un cheval et de son écuyer était fixé à cinquante-cinq sous tournois (⁴).

Le transport des pèlerins donna lieu à un commerce plus actif encore et surtout plus régulier que celui des armées croisées. C'est qu'en effet, les pèlerinages en Terre Sainte ne commencèrent pas seulement avec les croisades et ne furent pas, comme elles, intermittents et passagers. Presque au lendemain de l'établissement du Christianisme, les occidentaux se rendirent à Jérusalem, et ils ne cessèrent jamais complètement d'y venir. L'invasion arabe et, plus tard, le mauvais vouloir des Sarrazins firent parfois obstacle à ces expéditions pieuses, mais rien ne put les arrêter. Jusqu'au XIᵉ siècle, d'ailleurs, les califes se montrèrent assez tolérants. Mais ils ne furent point imités par les sultans des Turcs, qui, s'étant rendus maîtres de l'Asie Mineure, persécutèrent cruellement les chrétiens. L'ardeur des pèlerins ne se démentit pas, d'ailleurs, dans cette conjoncture, mais elle changea de caractère.

---

(1) Il s'agit ici de livres de royaux couronnées valant, comme on l'a vu, environ vingt francs (valeur intrinsèque) de notre monnaie. — 2,600 livres valent donc 52,000 francs. — De même 1,050 marcs d'esterlins valaient environ 52,500 francs (à 50 sous par marc).

Venise avait fait à peu près les mêmes conditions au roi de France. Elle demandait pour un navire moyen, mille marcs ; pour un grand, quatorze cents marcs. Elle offrait aussi de louer des vaisseaux par place. Le prix était alors de huit marcs et demi (soit 450 sous valant 450 francs) pour un cavalier, son cheval et trois servants, de deux marcs et quart pour un passager de pont (du mât central à l'arrière), et de trois quarts de marc pour un passager de pont, du mât central à l'avant (soit 112 sous et demi valant 112 francs et demi pour un passager de la première catégorie, et 37 sous et demi valant 37 francs 50 pour un passager de dernier rang.

(2) Soit soixante francs.

(3) Trente-cinq francs.

(4) Cinquante-cinq francs. — Il faudrait multiplier par 6 tous ces chiffres pour avoir leur valeur relativement au prix actuel des denrées.

Au lieu de pèlerinages pacifiques, on vit des expéditions armées.

La constitution du royaume latin de Jérusalem, qui suivit la première croisade, eut pour conséquence de multiplier les pèlerinages devenus désormais faciles. C'est alors que les ports de la Méditerranée commencèrent à retirer du transport des pèlerins un profit sérieux. On vit accourir à Marseille une multitude de Français, d'Allemands et d'Anglais qui venaient s'y embarquer à destination des lieux saints. Il y eut alors des départs réguliers, un itinéraire fixé, et comme un pèlerinage continu. C'est au printemps que le plus grand nombre de pèlerins s'embarquait pour la Palestine.

La ville de Marseille qui se chargea quelquefois, comme on l'a vu, des transports militaires, paraît avoir abandonné à l'industrie privée le transport des pèlerins. Mais elle eut soin de le réserver à ses citoyens, à l'exclusion des étrangers. C'est à peine si elle consentit à faire quelques exceptions en faveur de ses alliés, notamment en faveur de la ville d'Ampurias. Cette dernière cité put faire partir chaque année, de Marseille, un vaisseau chargé de pèlerins à destination d'Alexandrie, de Bougie ou de Ceuta ou d'un autre port de l'Orient. En retour, Ampurias renonçait, à l'égard de Marseille, à l'exercice du droit de bris et permettait aux Marseillais de tirer de son port autant de blé qu'ils voudraient.

Les Templiers et les Hospitaliers de Saint Jean de Jérusalem avaient obtenu, en 1212, des vicomtes de Marseille, un privilége analogue. Chacun de ces ordres pouvait envoyer deux fois par an, en Syrie, un vaisseau chargé de quinze cents pèlerins, non compris les commerçants et les matelots. Mais Marseille, arrivée à l'indépendance, s'efforça de ruiner ce privilége. De là, des querelles dans lesquelles furent impliqués tous les Marseillais habitant Jérusalem, et qui se terminèrent par le maintien au profit des Templiers comme des Hospitaliers, du droit d'envoyer chaque année deux vaisseaux de Marseille en Syrie.

Un droit fut institué sur les transports de pèlerins et frappa inégalement les armateurs marseillais et les armateurs étrangers. Tandis que ceux-ci devaient verser au Trésor public le tiers du prix du passage, les Marseillais ne payaient que douze deniers par passager. Ici encore se manifeste la tendance du gouvernement à assurer aux commerçants marseillais un monopole fructueux.

Mais les recteurs de l'université marseillaise s'occupèrent aussi du bien-être des pèlerins. Aussi bien, prendre en mains les intérêts des croisés, c'était encore servir ceux du commerce marseillais, dont il fallait sauvegarder le bon renom. C'est alors que furent rédigés les Statuts célèbres dont les divers chapitres traitent « des divers modes employés pour le transport des pèlerins, des entrepreneurs de pèlerinages, des places que doivent occuper les pèlerins, etc. (¹) »

Les pèlerins, comme les soldats, formaient une troupe organisée sous un chef reconnu de tous. C'est ce chef qui s'occupait de louer des vaisseaux pour le voyage. Les entrepreneurs de transports devaient, à leur tour, pour un prix convenu, fournir les vivres et tout ce qui était nécessaire aux voyageurs. Tous les commerçants de Marseille ne pouvaient pas se faire entrepreneurs de transports. Ils devaient être agréés, à cet effet, par les recteurs ou la Cour de mer, et jurer sur les Saints Évangiles, de tenir leurs engagements et de défendre les pèlerins dans la maladie et dans la santé, à la vie et à la mort. Nul ne pouvait partir avant d'avoir prêté ce serment.

Les obligations des entrepreneurs étaient d'ailleurs réglées par les Statuts municipaux. L'entrepreneur devait faire le voyage lui-même ou, en cas de maladie ou d'empêchement légitime, déléguer à sa place une personne capable, agréée par la Curie. Toute infraction à cette disposition était punie, à l'arbitraire de la Cour, suivant sa gravité.

Les dimensions des places réservées aux pèlerins étaient soigneusement réglées ; pour chaque pèlerin, un espace de deux palmes et une demi-canne en largeur (²), et de sept palmes ou six et demie au moins en longueur (³) ; pour chaque cheval, une stalle de trois palmes en largeur (⁴) ; la longueur n'est pas indiquée, mais c'était toujours la même, la moitié de l'entrepont. Le prix des places une fois payé, on ne devait ni les diminuer, ni les ôter aux occupants, sous peine d'une amende de dix sous par place réduite ou enlevée, qui était perçue au profit de l'université. Cependant on pouvait placer les pèlerins deux à deux en sens inverse,

(1) Statuts de Marseille, liv. IV.

(2) Soit 1ᵐ 50 centimètres environ (2 palmes = 0ᵐ 48 cent., la demi-canne = environ 1 mètre.

(3) Soit de 1ᵐ 58 à 1ᵐ 70.

(4) Soit 0ᵐ 73 cent.

ce qui donne une idée du bien-être dont ils jouissaient à bord.

Le prix du transport était par pèlerin de dix-neuf sous de monnaie mêlée courante ou de trente-huit sous raimondins(1).

Les entrepreneurs, ici comme pour les transports militaires, fournissaient les vivres pour le voyage. Les portions étaient réglées et ne devaient pas être réduites. Avant le départ, des prud'hommes choisis par la Cour de mer inspectaient le navire et on ne devait faire aucun changement après leur visite.

A chaque vaisseau était attaché un écrivain qui devait tenir un registre en double contenant les noms et surnoms des pèlerins, sans obscurité ni abréviation. Le même registre portait l'indication des chevaux, si le navire en emmenait. L'un de ces registres était déposé à la Cour; l'autre restait entre les mains des entrepreneurs. Tout entrepreneur qui aurait accepté un pèlerin sans avoir de quoi le nourrir était puni d'une amende de cent livres par pèlerin, les gens de service exceptés.

Chaque pèlerin recevait une carte portant son nom et l'indication de sa place; cette carte était délivrée gratuitement.

L'écrivain devait inscrire les dernières volontés des mourants, s'ils en faisaient la demande, pendant le voyage. Il ne devait rien en retrancher ni y ajouter. Deux témoins étaient appelés pour certifier la véracité du testament. Le testateur mort, le patron du du vaisseau devait exécuter ses volontés. Quant aux pèlerins qui mouraient intestats, le patron du vaisseau devait conserver leurs biens, et, avec le consentement des recteurs, s'il allait à Marseille, ou du consul, s'il allait à Acre, les déposer dans quelque maison religieuse, où les héritiers pouvaient les réclamer dans le délai d'un an et un jour.

Les entrepreneurs devaient aller jusqu'au bout de l'itinéraire fixé, même si un petit nombre de pèlerins achevaient le parcours. S'ils prolongeaient leur relâche en quelque port pour prendre des voyageurs ou des marchandises, contre le gré des pèlerins, les Recteurs ou consuls de Marseille pouvaient leur faire restituer le prix du voyage, soit au profit des pèlerins, s'ils étaient présents,

---

(1) Un sou de monnaie mêlée courante valait 2 sous royaux coronats. Le prix de transport était donc de 38 sous roy. cor., valant 36 francs (valeur intrinsèque et 720 francs, valeur relative). C'est à peu près ce que payaient pour les transports militaires les passagers de dernier rang.

soit au profit de la Cour. Le Recteur ou les consuls de Marseille étaient juges des motifs des retards.

Les pèlerins échappaient au droit commun, en vertu duquel tous les passagers devaient obéir aux consuls marseillais de Syrie. Ils étaient réputés clercs et jouissaient du privilège de cléricature.

Malgré les précautions minutieuses prises par les Statuts, beaucoup d'abus se commettaient à leur encontre, qui n'étaient pas toujours réprimés. Beaucoup de pèlerins ne revirent jamais leur pays et ne purent demander justice. Pour ceux qui revinrent, la justice fut bien lente ou même impuissante. Au reste, si les prescriptions légales eussent toujours été observées, les bénéfices des entrepreneurs eussent été moins considérables, et ceux-ci se fussent moins inquiétés de se réserver le monopole des transports.

Il reste, pour compléter ces notions sur l'industrie des transports à Marseille, au moyen-âge, à indiquer, au moins sommairement, les dimensions et les dispositions en usage dans les constructions maritimes à cette époque.

Certes, la dimension des nefs destinées aux soldats croisés ou aux pèlerins fut fort variable. Il est, néanmoins, un type de navire qui revient très souvent dans les documents et que l'on peut considérer comme ayant été le plus souvent employé ; c'est la nef à mille passagers. D'autres vaisseaux, également armés pour les voyages en Terre-Sainte, continrent, les uns, sept ou huit cents, les autres jusqu'à quinze cents passagers ; néanmoins, ce furent presque des exceptions ; les vaisseaux contenaient, en général, un millier de passagers et pouvaient fournir un abri à soixante chevaux.

Une nef de mille hommes avait environ soixante-dix pieds ($22^m 73$) de quille ou colombe. Sa plus grande longueur atteignait jusqu'à cent-dix pieds ($35^m 73$). Sa largeur *in fundo* était de neuf pieds et demi ($3^m 08$), et sa largeur maxima (*in ore* ou *in boccha*) de quarante-un pieds ($13^m 30$). Le navire avait d'ordinaire trois ponts ou couvertes, la dernière était interrompue dans le milieu et formait une sorte de corridor circulaire ; la première couverte était à une hauteur de onze pieds et demi environ ($3^m 73$) ; la seconde était à six pieds et demi ($2^m 11$) au-dessus de la première ; la troisième, à cinq pieds et demi ($1^m 78$) au-dessus de la seconde. Une sorte de balustrade ou pavesade s'élevait de quelques pieds au-dessus du corridor. A l'avant et à l'arrière deux bannes ou ponts, élevées de cinq et sept pieds (1ᵐ 62 et 2ᵐ 27), et larges de douze pieds (3ᵐ 89), formaient des saillies de quatre et huit pieds. Au-dessus de la banne d'arrière était le bellatorium en élancement sur l'extrémité de la poupe : c'était du bellatorium que l'on combattait au besoin.

Le fond du bateau ou cale était généralement occupé par les chevaux, les entreponts par la foule des passagers. Les voyageurs de distinction prenaient place dans les paradis situés au-dessous des bannes ou dans les bannes elles-mêmes.

La capacité moyenne de ces vaisseaux peut être estimée à 551 tonneaux, soit environ un million de livres. En volume, un tonneau équivalait à environ quarante-deux pieds cubes de Provence soit 1 mètre cube 376256ᶜᵐᶜ.

Chaque vaisseau devait amener avec lui un certain nombre de chaloupes, quatre en général. Quant à l'armement, on a vu que ceux qui louaient ces vaisseaux s'en préoccupaient fort ; le navire avait, en général, deux mâts, six voiles et vingt-six ancres pesant de 1200 à 1500 livres.

Telles sont, du moins, les indications que nous fournissent les *pacta naulorum* et les différents traités conclus pour les transports des croisés en Terre-Sainte qui sont parvenus jusqu'à nous.

Quant au prix, on a vu qu'il était fort élevé. Les navires de commerce coûtaient beaucoup moins cher que les navires servant au transport des croisés et des pèlerins. C'est que leurs dimensions étaient généralement moindres et qu'en outre les approvisionnements étaient infiniment moins considérables. Du reste, ici encore on trouve une très grande variété, comme dans la construction elle-même des vaisseaux et les prix indiqués plus haut, de cinquante à cinquante-deux mille francs ne peuvent être pris que comme une moyenne. On sait, d'ailleurs, que le louage d'un vaisseau pour la Syrie se payait presque aussi cher que l'achat.

III. *Les échanges. — Exportations et importations.*

On a vu que, de tout temps, des relations commerciales avaient existé entre Marseille et les pays du Levant. Mais les croisades et l'établissement d'un grand nombre d'occidentaux en Syrie eurent pour résultat d'accroître singulièrement le mouvement des échanges. D'une part, les croisés établis en Terre-Sainte ne pouvaient se passer des produits de l'occident ; de l'autre, à mesure que l'Orient était mieux connu, on appréciait et on recherchait davantage ses productions. Enfin, les rois latins, dans un but fiscal, appelèrent les commerçants de l'Occident dans leurs états et leur accordèrent une foule de priviléges et surtout des exemptions d'impôts. Ces immunités furent parfois la récompense de services rendus ; d'autres fois aussi, les colonies commerçantes les exigèrent comme prix de leur concours.

Alors, les relations entre Marseille et l'Orient qui avaient toujours été un peu intermittentes devinrent absolument régulières. Deux grands départs eurent lieu chaque année, l'un aux environs de Pâques, l'autre à la Saint-Jean, c'est-à-dire au début du printemps et de l'été. Le départ du printemps était le plus considérable. Quelques vaisseaux prenaient la mer en juillet et en août ; à partir de septembre, aucune expédition n'avait plus lieu ([1]).

Le voyage était peu dangereux au moment où on l'entreprenait. Les vents étaient favorables, la route parfaitement connue. On avait coutume de longer les côtes de l'Italie et de la Grèce ; on gagnait ensuite les îles de la mer Egée, puis Crète, Rhodes et Chypre. Près du détroit de Messine, qu'ils avaient l'habitude de traverser, nos vaisseaux rencontraient souvent les flottes de Gênes,

---

(1) Les registres d'Amalric nous ont conservé un certain nombre de contrats relatifs à des vaissaux armés pour la Syrie au printemps de l'année 1248. On peut juger, par les exemples qu'ils nous fournissent, de l'activité du commerce du Levant. Les noms de quelques-uns des navires en partance sont mentionnés, ce sont : le *Saint-Esprit*, le *Saint-Antoine*, le *Cygne*, le *Saint-Michel*, le *Saint-Vincent*, la *Sicarde*. Le *Saint-Esprit* appartenait à un certain Raimond Siffred ; le *Saint-Antoine*, à Pierre Isnard Fulcolin. Nous n'avons pas le nom des autres armateurs, mais les contrats indiquent que souvent plusieurs négociants s'associaient pour armer un navire et l'envoyer en Orient. Tels, Raimond de Narbonne et Pierre Peguelier, associés avec Bernard Gasc, W. Ruda, Pons de Bonduel et Bernard de Tarascon pour armer la *Bonaventure* et l'envoyer en Syrie, sous la conduite de Raimond de Tarascon. Tous les associés n'avaient pas une part égale dans la mise de fonds et par suite dans les bénéfices. Raimond de Narbonne et Peguelier entraient dans l'association pour un quart chacun ; les autres associés pour un huitième seulement — On voit, dans les mêmes registres, la mention de dix navires partis de Marseille à destination de la Syrie, d'avril à juillet 1248. Sur ce nombre, sept navires partirent en avril, un en mai, un en juin et le dernier en juillet. Cet exemple paraît significatif.

de Pise et d'Amalfi, avec lesquelles ils naviguaient de conserve. Cette route était un peu longue, mais sûre. On y trouvait une foule de ports de relâche, où l'on pouvait s'abriter en cas de mauvais temps. On s'arrêtait d'ordinaire à Messine. Un petit nombre de navires seulement gagnaient directement la Syrie sans suivre les côtes ni faire jamais relâche.

Le trajet durait environ un mois. Sans doute, des vaisseaux légers ou légèrement chargés pouvaient l'accomplir en beaucoup moins de temps; mais les vaisseaux marchands fort chargés et habitués à suivre les côtes n'avaient pas, même avec les vents favorables, une bien grande vitesse. Quant au séjour que les négociants marseillais faisaient en Orient, on ne peut en fixer exactement la durée, car les uns s'arrêtaient dans les ports, tandis que les autres gagnaient les villes de l'intérieur. Mais il est probable que les marchés qui s'ouvraient en Syrie, après l'arrivée des vaisseaux européens, ne se prolongeaient pas au-delà de l'été, et que les marchands étaient bien aises de rentrer dans leur pays avant que les vents d'automne ne vinssent à souffler. D'autre part, les foires de Provence et de Champagne avaient lieu en été et au début de l'automne, et pour que les marchandises venues d'Orient y fussent rendues, il fallait presser le retour. On peut donc penser que nos marchands restaient environ un mois en Syrie et que le voyage tout entier avait une durée d'environ trois mois.

Parmi les villes fréquentées par les Marseillais en Syrie, Acre tenait le premier rang. Cette ville était le rendez-vous de tous les marchands européens; son port était vaste et sûr. Acre grandit beaucoup pendant les croisades et, après la perte de Jérusalem, devint la capitale du royaume. Un moment, en 1188, elle tomba entre les mains des Sarrazins; mais reprise, au bout de quatre ans, par les Latins, elle ne tarda pas à recouvrer son ancienne prospérité.

Venaient ensuite Tyr et Béryte. Les Marseillais s'étaient distingués au siége de Tyr et, en reconnaissance de leurs services, Conrad de Montferrat leur accorda, dans cette ville, d'importantes immunités. Beaucoup de négociants marseillais se rendaient aussi à Béryte où ils avaient un consul de leur nation. Mais presque tous les navires partis de Marseille allaient débarquer à Acre; ils se rendaient quelquefois d'Acre dans les autres ports Syriens.

Tant que dura le royaume de Jérusalem, Chypre fut négligée par les Marseillais. C'était une bonne station de relâche, mais on y faisait peu de commerce. Au contraire, lorsque les rois latins se furent établis dans cette île, les opérations commerciales s'y multiplièrent. Les Marseillais obtinrent d'importantes franchises de la part des rois de Chypre, d'Amaury surtout ; mais déjà la décadence commençait pour le commerce provençal en Orient.

Les relations de Marseille avec l'Egypte furent beaucoup plus durables. Les vaisseaux marseillais débarquaient à Alexandrie et à Damiette. Ils continuèrent à s'y rendre même après l'échec définitif des croisades. Il fallut la ruine d'Alexandrie elle-même pour les détourner de ce pays.

Marseille entretenait encore des relations régulières avec d'autres villes de l'Orient européen ou asiatique, notamment avec Constantinople ou plutôt avec Péra, où ses marchandises ne payaient qu'un impôt de deux pour cent. Les Marseillais allèrent sans doute aussi jusqu'en Arménie et visitèrent le littoral de la mer Noire. Deux négociants partis de Marseille, munis de lettres de recommandations de Charles Ier d'Anjou, étaient à Trébizonde, en 1267. Mais il est impossible de savoir si nos marchands se maintinrent longtemps dans ce pays.

Au commerce de l'Orient se rattache étroitement celui que Marseille entretenait depuis longtemps avec les états de l'Afrique Septentrionale. Les Marseillais, avaient dès le commencement du XIIIe siècle, des pactes écrits avec les sultans de Tunis et du Maroc. Ils fréquentaient surtout les ports de Ceuta et de Bougie. Cette dernière ville, grâce aux avantages de sa position et à l'étendue de sa rade, devint en quelque sorte la capitale du commerce européen en Afrique. Son nom se retrouve à chaque page des annales du commerce marseillais au moyen-âge ([1]).

Parmi les marchandises exportées de Marseille en Orient, il faut citer d'abord les besants sarrazins. Le commerce général de Marseille consistait pour une bonne part dans la vente et l'échange des matières d'or et d'argent. Les registres d'Amalric, notaire marseillais du XIIIe siècle, mentionnent fréquemment qu'une certaine quantité « de monnaie courante convertie en besants sarrazinas » a été confiée à tel ou tel négociant pour en faire le com-

(1) MAS-LATRIE, *Traités*, etc., Introd , p. 117, 147, 185 et suiv.

merce en Syrie. Ces besants étaient fabriqués à Marseille ([1]).

Les métaux étaient exportés en assez grande quantité. On sait, en effet, que Marseille avait de grands entrepôts de fer au moyen âge. On trouve souvent cités dans les commandes, comme articles d'exportation, l'argent, le plomb et le fer. Mais c'est l'étain qui faisait l'objet du commerce le plus important. Le *Saint-Esprit*, en emportait plusieurs lots dont un de cent-quarante-cinq quintaux vendu deux cent trente « livres courantes » ([2]), soit une livre et demie environ par quintal. Le *Paradis*, parti pour Acre en même temps que le *Saint-Esprit* y emportait quarante quintaux de plomb et une grande quantité d'étain.

Le corail était exporté en grande quantité en Syrie. On le tirait du littoral septentrional de l'Afrique et de la Sardaigne.

Il n'en était pas de même des produits agricoles. On envoya parfois du vin à Damiette. Mais nos vins, recherchés pour leur excellente qualité, étaient chers et la consommation en était restreinte. D'ailleurs, pendant la domination latine, on planta des vignes en Syrie et nos viticulteurs virent se fermer un débouché autrefois assez important. Notre safran continua d'être demandé, bien que la Syrie en produisit. Le *Saint-Esprit* emportait six commandes de safran s'élevant, au total, à trois cent quinze livres et estimées environ trois cent livres de monnaie mêlée. Les teinturiers syriens faisaient grand cas de notre safran. La haute Provence en produisait une grande quantité.

Mais ce furent les tissus qui restèrent toujours l'objet essentiel de nos exportations. Les Syriens fabriquaient, il est vrai, de beaux tissus, mais ils coûtaient fort cher, étant faits de coton et de soie ; aussi nos tissus de laine plus résistants et d'un prix plus modique étaient-ils fort recherchés. Tous les vaisseaux partant de Marseille à destination de la Syrie en emportaient une grande quantité.

Ces tissus étaient généralement fabriqués à Saint-Pons, Carcassonne, Béziers, Narbonne, Toulouse, Nîmes, Montpellier, Arles, Avignon, Tarascon et enfin à Marseille, qui produisait surtout des draps grossiers, à bon marché. Il en venait aussi du Nord et de

(1) Le besan sarrazinas d'Acre avait une valeur intrinsèque de 8 fr. 43 à 8 fr. 90, celui d'Alexandrie de 14 fr., celui de Tripoli de 7 fr. seulement.

(2) La livre courante est la livre de monnaie mêlée valant deux livres de royaux coronats.

l'Est, notamment de Douai, Arras, Cambrai, Rouen, Saint-Quentin, Louviers et Châlons. Les draps de Châlons, bleus ou verts paraissent avoir été les meilleurs et les plus chers ; on en exportait beaucoup en Syrie. Enfin, l'Allemagne fournissait aussi des draps au commerce d'exportation. Les tissus de laine consistaient encore en « barracans » de Châlons et en capes de Provins.

Les toiles étaient encore un article d'exportation fort important. Sans doute les Syriens filaient le lin, mais leurs étoffes étaient si fines et si délicates et le prix en était si élevé qu'on en faisait rarement usage. Nos toiles au contraire faites d'une trame plus solide étaient plus résistantes et coûtaient moins cher. C'étaient surtout les villes de Champagne, Reims et Epernay notamment, qui les fournissaient. On en tirait aussi de Bâle et de quelques villes d'Allemagne.

Parmi les autres marchandises apportées en Levant par les vaisseaux marseillais, on peut citer les fils de Bourgogne, l'or filé de Gênes, les écharpes d'or filé de Lucques, les peaux, surtout les peaux de renards, etc. Ces marchandises venaient souvent, comme on le voit, de l'étranger. Tantôt c'étaient les marchands du pays qui les apportaient à Marseille et tantôt les commerçants marseillais qui allaient les chercher. Nos commerçants, en effet, étaient très répandus en Italie, en Espagne et même en Afrique. Les toiles étaient surtout achetées dans les foires de Champagne, très fréquentées des Marseillais ([1]).

Comme les exportations, les importations se multiplièrent dans des proportions inconnues jusque-là, à partir des croisades et surtout pendant le xiii⁰ siècle. On a prétendu, il est vrai, que la plupart des marchandises venues d'Orient à Marseille, étaient apportées par des navires italiens. Cette assertion ne doit pas être acceptée sans réserves ; non seulement Marseille s'approvisionnait elle-même, mais elle fournissait des denrées du Levant à nombre de ports d'Espagne et d'Afrique. En outre, les marchandises venues du Levant étaient apportées par les négociants marseillais aux foires de Saint-Denis ou de Champagne ; les villes de Provins, Troyes, Bar, Lagny étaient très fréquentées par nos marchands. Ceux-ci, en effet, ne s'adonnaient pas seulement au commerce maritime, ils ne négligeaient aucun marché parmi ceux qui pouvaient leur procurer quelques bénéfices importants.

___

(1) Blancard, *Docum. inéd.*, t. I, 2ᵐᵉ série.

La Syrie est, en certains endroits, très fertile. Les canaux d'irrigation qui furent creusés à l'époque des croisades doublèrent sa fécondité. Autour des villes occupées par les Latins, s'élevèrent de nombreuses métairies et se fondèrent une foule d'exploitations agricoles, dirigées par les Francs. Il y en avait soixante-douze autour d'Ascalon. Venise en possédait quatre-vingts autour de Tyr. Les jardins voisins de Tripoli abondaient en fruits du Midi : oranges, citrons, figues, amandes. Sur le versant occidental du Liban, étaient des vignes qui produisaient un vin renommé. On sait que Marseille recevait dès l'antiquité les vins de Gaza et de Sarepta. Les olives et le sésame abondaient également ; mais on n'en exportait probablement pas, car la Provence en produisait assez pour sa consommation. Quant à la canne à sucre, on ne peut la passer sous silence, car nos agriculteurs apprirent des Syriens à la fois sa culture et le moyen d'en extraire le sucre.

Le coton et la soie avaient une importance plus grande encore, car on fabriquait en Syrie des étoffes de coton et de soie très remarquables et très recherchées des Européens. Les manufactures de soieries de la seule ville de Tripoli occupaient quatre mille ouvriers. Antioche avait, dans cette industrie, une vieille réputation qui ne fit que grandir sous la domination chrétienne. Il faut citer encore parmi les produits manufacturés les plus importants de la Syrie, les tapis de Damas, les vases de Jaffa, de Béryte et de Tyr, si fins et si travaillés, les verreries répandues dans toute la Syrie, les ouvrages d'or et d'argent comparables à ceux de Constantinople. On pourrait continuer cette énumération. Il suffit d'avoir montré l'importance de l'industrie syrienne et d'avoir indiqué que ses produits firent, comme les denrées de l'Inde, l'objet d'échanges extrêmement considérables.

Avant d'entrer dans le détail de ces échanges, notons un article qu'on est quelque peu surpris de rencontrer ici. Je veux parler des esclaves. Depuis longtemps les Italiens, les Génois et les Vénitiens surtout, s'adonnaient à ce commerce. La plupart de ces esclaves, hommes et femmes, étaient transportés en Egypte ; quelques-uns cependant étaient conduits en Italie, en Espagne et même en Allemagne. Les registres d'Amalric, cités plus haut, mentionnent trois ventes d'esclaves : celle d'une sarrazine nommée Fatime, faite à Marseille au prix de onze livres dix sous de monnaie courante (¹);

_____

(1) Soit 23 livres de royaux coronats, valant 450 francs.

celle d'une certaine Aïssa, également qualifiée de sarrazine et vendue huit livres douze sous de la même monnaie ; et enfin celle d'un sarrazin dont le nom n'est pas indiqué et qui fut payé huit livres onze sous (¹).

Néanmoins, on ne vit jamais à Marseille de ces grands marchés d'esclaves comme il s'en tenait à jours fixes, à Gênes, Venise, Pise, Florence, Lucques et même à Barcelone. Certes, il était permis aux chrétiens d'avoir des esclaves sarrazins ; cependant, ces marchés étaient déjà mal vus et souvent les papes s'efforcèrent de réprimer la soif du gain qui les entretenait. Il n'est point téméraire, d'ailleurs, de supposer que les esclaves dont il s'agit avaient été amenés à Marseille par des navires étrangers, Gênois ou Vénitiens. Nous n'avons retrouvé la trace d'aucun esclave qui ait été amené sur un navire marseillais.

Nous arrivons enfin aux marchandises apportées de Syrie ou d'Egypte à Marseille. Les documents abondent, qui nous indiquent quels étaient les produits ou les objets manufacturés qui entraient pour la plus grande part dans les exportations (²).

Ce sont, en premier lieu, les épices et les parfums. Parmi les épices, les plus recherchées étaient le poivre et le gingembre de l'Inde et de l'Arabie, la cannelle récoltée dans l'Inde et surtout à Ceylan, les clous de girofle des Molusques ; parmi les parfums, le musc, venu des frontières du Tibet et de la Chine (car l'animal qui produit ce parfum habite les montagnes chinoises), les noix de galles, le bois de Brésil, le camphre, le bois de santal, l'aloès, dont on distinguait trois espèces (aloès cetrino, aloès petico, aloes cavallinéo), enfin l'encens si fameux de l'Arabie.

On retirait encore de l'Inde la gomme, le safran, l'ambre et surtout l'alun, dont on se servait beaucoup pour la teinture des étoffes. Les statuts de Marseille mentionnent souvent l'alun d'Alep ; mais il est néanmoins probable que ce produit venait de l'Asie intérieure et qu'Alep en était simplement le marché.

Les marchandises de luxe telles que l'ambre, les pierres précieuses, l'ivoire étaient l'objet d'un commerce moins important. Quant au corail que les marchands italiens tiraient des côtes de

---

(1) Un peu plus de 17 livres de royaux coronats, valant 341 francs.
(2) Blancard, *Docum. inéd.*, nᵒˢ 120, 148.

l'Inde, les Marseillais allaient le chercher sur le littoral de la Sicile ou de l'Afrique. Il n'en est donc pas question dans les actes commerciaux de Marseille.

Marseille recevait aussi de l'Orient des étoffes de coton et de soie. L'Europe produisait, il est vrai, du coton, mais de qualité inférieure; au contraire, le coton de Syrie et d'Arménie était si fin, si souple et si solide à la fois, qu'il était beaucoup plus estimé. On apportait à Marseille soit le coton brut, soit le coton filé. Acre, Laodicée et Alep étaient les principaux marchés de cet article. Les étoffes de soie de Syrie étaient rares à Marseille. Ces étoffes coûtaient en effet très cher et l'usage en était réservé aux souverains, aux grands ou aux ministres du culte.

Citons encore, parmi les objets importés en Occident, les verreries de Damas, les porcelaines de Chine et le sucre dont on ne connut la fabrication que par les colons de Syrie (1).

Quant à l'Afrique septentrionale, elle nous fournissait surtout des céréales, des dattes, des bananes, de la cire, de l'huile, des raisins secs (venus en grande quantité de Bougie et de Bône), des chevaux, du poisson salé, des plumes d'autruche, de l'ivoire, du corail (tiré surtout des environs de Tenès et de Ceuta) des cuirs, les écorces tanniques de Bougie servant au travail du cuir, des étoffes, cotonnades de Maroc, boucrans de Tripoli, kaïks de Djerba, tapis de Tripoli, toiles de Barbarie, etc. Elle recevait de nous, outre les produits de l'Orient, que lui apportaient, comme on l'a vu, les vaisseaux italiens et marseillais, des armes, des draps et surtout des vins. A Tunis et à Bougie se trouvait un fondouc de vin affermé 34.000 besants.

Ce serait dépasser les bornes de cette esquisse que d'indiquer, même sommairement, l'itinéraire parcouru par les marchandises venues de l'Asie centrale ou de l'Inde pour gagner les ports de Syrie. Il serait cependant intéressant de savoir si les commerçants marseillais se rendaient dans les villes mêmes de production ou s'ils recevaient ces produits de marchands indigènes, qui se chargeaient de les transporter jusque sur le littoral syrien. On ne peut affirmer que nos négociants se soient jamais rendus dans l'Inde, ni même aux frontières orientales de l'Asie Mineure. On n'en voit même pas un grand nombre fréquenter les villes de la

(1) Blancard, *Docum. inéd., passim.*

Syrie Orientale, Damas, Alep, Emèse ou Rakka. Les chartes qui nous restent ne parlent guère que des villes du littoral. Les Italiens, au contraire, allèrent beaucoup plus loin. Mais ils ne rapportaient jamais avec eux qu'une petite quantité de marchandises. Il y avait, pour les grands transports, des caravanes régulières qui parties du fond de l'Asie Mineure, de l'Inde ou de l'Arabie se rendaient, à l'approche des marchés, à Alep, à Damas et dans les autres villes de l'Asie Mineure. A leur tour, les marchands Syriens ou Européens se rendaient à ces marchés, d'où les objets achetés étaient apportés dans les ports.

La modicité des impôts dont était frappé le commerce du Levant avait puissamment contribué au développement de ce commerce. Les rois latins avaient accordé, à plusieurs reprises, de très grandes immunités aux commerçants marseillais. Ils avaient parfois déclaré leurs personnes et leurs marchandises exemptes de tout droit, même de celui d'ancrage dans les ports de Syrie. Henri de Chypre réduisit à un pour cent les droits à percevoir sur les navires marseillais dans l'île ; encore les marchandises invendues pouvaient-elles sortir librement des ports. Cependant, comme par de pareilles concessions les rois latins se privaient d'une source considérable de revenus, ils essayèrent bien des fois de les restreindre. Mais alors les Consuls intervinrent ; plus d'une fois, les rois durent confirmer leurs donations à prix d'argent, mais ils recommencèrent plus tard leurs entreprises. De là, des conflits dont on ne peut, faute de documents, suivre le détail, mais qui semblent avoir nui également au commerce et aux rois latins.

En ce qui concerne les villes du littoral septentrional de l'Afrique et de l'Egypte elle-même, les traités nous indiquent exactement le tarif des droits auxquels le commerce chrétien était soumis. L'impôt principal sur les marchandises était un droit de 10 p. 100 *ad valorem* à l'importation, et de 5 p. 100 à l'exportation. Quelques marchandises étaient complètement exemptes du droit d'importation, tels les bijoux, l'or destiné au Sultan, les barques et navires vendus à des Sarrazins et les marchandises qui se vendaient entre chrétiens. D'autres marchandises ne payaient que demi-droit à l'importation : c'était l'or et l'argent non monnayés, les monnaies chrétiennes, l'or et l'argent destinés à des particuliers. Le vin payait une jarre sur cent pour toute quantité au-dessus de cent jarres ; au-dessous de cette quantité, aucun droit n'était perçu.

De même étaient exempts du droit d'exportation, le blé indesté à la nourriture des équipages, certaines quantités variables de blé, lorsque cette denrée n'atteignait pas un certain prix ; enfin, les marchands chrétiens pouvaient exporter en pleine franchise une quantité de marchandises égale en valeur à la totalité des marchandises importées par eux en Afrique, que les marchandises aient payé le droit ou le demi-droit, ou même eussent été exemptes de tout impôt.

Quelques droits de minime importance venaient s'ajouter au droit de 10 p. 100 à l'importation. C'était les droits de drogmanat, d'ancrage, d'abordage ou de navigation ; le droit de portefaix ou de déchargeur, les droits de balance, pesage et mesurage, etc. Ils s'élevaient à un demi, ou au plus, à un pour cent du prix des marchandises.

A Constantinople, les marchandises marseillaises ne payaient que deux pour cent à l'importation.

Quant aux droits payés à Marseille par les marchandises en provenance du Levant, ils étaient au nombre de trois dont deux frappaient exclusivement les étrangers, savoir la dace du registre de la mer, le droit de lesde et le droit de quai.

La dace du registre de la mer frappait toutes les marchandises qui entraient dans le port ou qui en sortaient, à l'exception du blé ou des vivres ; il s'élevait à un denier pour livre.

Les lesdes pesaient sur les étrangers qui apportaient des marchandises dans la ville de Marseille ou qui les y vendaient. Elles étaient, en général, de quatre deniers par quintal de poivre, de gingembre, d'encens ou de coton filé ; de trois deniers par quintal de coton brut, de sucre, d'indigo et d'alun ; enfin d'un denier par livre, s'il s'agissait de matières précieuses vendues non au quintal, mais à la livre. Tout Sarrazin conduit à Marseille payait cinq sous pour droit de lesde.

Le troisième impôt, appelé droit de quai ou de rivage, était beaucoup moins important. Il n'était payé que pour les marchandises vendues ; il était d'un sou par quintal pour les objets dont il a été question à propos des lesdes. Tout Sarrazin payait douze deniers pour droit de rivage.

Les étrangers venus d'Alexandrie étaient soumis à un impôt spécial de six deniers par besant perçu au profit de la communauté de Marseille.

D'autres impôts frappaient les vaisseaux qui séjournaient dans le port de Marseille savoir : un droit de deux sous pour séjour de chaque navire, un autre droit qui était de vingt sous pour les grands navires et de dix sous pour les petits, et que l'on appelait impôt sur la capacité des vaisseaux *(de latu navium)*. Enfin, chaque navire venant d'outre-mer devait apporter une baliste pour servir, à l'occasion, à la défense de la ville.

Le commerce d'exportation se faisait de plusieurs manières : par la commande ou par la société ou même par le billet de change.

Il y avait société quand deux ou plusieurs négociants mettaient en commun une certaine somme d'argent ou une quantité déterminée de marchandises pour aller trafiquer dans le Levant. On trouve rarement des sociétés composées de trois personnes ou plus. En général, il n'y avait que deux associés, mais chacun pouvait faire un apport différent et recevait une part des bénéfices proportionnée à son apport. Souvent aussi l'un des associés qui avait fourni, par exemple, un tiers, un quart ou un cinquième de la mise de fonds, se rendait dans le Levant pour y faire valoir de son mieux cette mise. Il recevait alors, en général, la moitié des bénéfices.

La commande était plus usitée que l'association. Les règles en étaient très simple. Un commerçant-voyageur recevait d'un autre commerçant ou d'un banquier une certaine somme d'argent qu'il employait à acheter des marchandises. Ce commerçant se rendait en Syrie, pour vendre les marchandises ainsi acquises le mieux qu'il pourrait. A son retour, il recevait un quart des bénéfices. Il devait jurer, avant de partir, de sauvegarder de son mieux la commande, de rapporter exactement capital et intérêt et de dire toute la vérité. Il engageait tous ses biens en garantie de sa fidélité et renonçait à toutes les exceptions légales, voire même à tous délais.

Nous avons une foule de commandes. Elles contiennent les noms d'un grand nombre de négociants dont beaucoup se vantent d'être Marseillais. Les autres appartenaient aux diverses villes du Midi, notamment à Montpellier. Au premier rang des négociants marseillais est la famille Manduel, qui entretenait des relations avec la Sicile, l'Egypte, la Syrie et l'Afrique. Un membre de cette famille, Bernard Jean, fut célèbre par son patriotisme. Il prit les armes contre Charles d'Anjou, fut condamné à mort et exécuté.

On peut citer encore la famille des Aleman, Martin et Bernard Gasc frères, tous deux changeurs, Bernard de Casaulx et son frère Hugues. Parmi ceux qui portèrent d'importantes commandes en Syrie, on trouve les noms de Pierre Gilles, Pierre de Belle-Eau, Laurent de Posquiers, etc.

Quant au billet de change, c'était un contrat par lequel « un disposeur prêtait à un commerçant-voyageur en espèces monétaires du départ une somme remboursable en espèces monétaires du pays de destination. » Ce billet pouvait être payable au donneur ou bien à un ou plusieurs tiers nommés ou non, ou enfin être payable à ordre. De même la place où il devait être payé pouvait être déterminée ou non. L'usage de ces billets était très commun à Marseille surtout dans le commerce maritime. Souvent le disposeur était propriétaire du navire et faisait voyage avec le commerçant voyageur. A son arrivée, il recevait le montant de son billet et avec la somme ainsi réalisée, pouvait acheter des marchandises de l'Orient.

IV. — *Les Établissements marseillais en Orient.*

La rareté des documents qui nous sont parvenus, ne permet pas toujours d'apprécier exactement l'importance du Commerce marseillais en Orient. On sait la nature des marchandises importées ou exportées ; mais on ignore le chiffre des importations et des exportations, et il n'est point aisé de dire les bénéfices des négociants. C'est une difficulté d'un tout autre ordre qui se présente, quand on s'occupe des établissements fondés par les Marseillais en Orient. Ici, les documents abondent ; mais à s'y fier absolument, on pourrait s'exagérer l'importance de nos colonies syriennes. Souvent les concessions et les privilèges accordés par les princes Latins restèrent lettre morte ou l'on n'en profita qu'en partie. Souvent aussi les rois essayèrent de reprendre en détail ce qu'ils avaient donné en bloc, dans un élan de reconnaissance ou de générosité. Pour avoir une idée juste de ce que furent nos établissements d'outre-mer, il faut consulter, non seulement les chartes concédées, mais aussi l'histoire de la colonisation européenne en Orient.

Cette colonisation traversa des phases très-diverses. Il suffit de constater, en ce qui concerne les colonies marseillaises, qu'elles ne se développèrent que longtemps après la conquête. Tant que le royaume latin se soutint par ses propres forces, les colonies eurent une existence prospère, mais sans gloire. Elles étaient protégées par les rois latins, mais n'avaient aucune part au gouvernement. Au contraire, lorsque le pouvoir des Francs fut menacé, ce furent les colonies qui le maintinrent contre les Sarrazins et, devenues dès lors les protectrices des établissements croisés, elles réclamèrent une part dans l'exercice de l'autorité politique. D'un autre côté, les villes métropoles qui, par leur concours, sauvèrent à plusieurs reprises le royaume franc, intervinrent d'une manière plus directe dans l'administration du pays. Enfin, quand les contrées de l'intérieur eurent échappé aux rois latins et que les villes maritimes leur restèrent seules, les grandes républiques qui avaient colonisé la Syrie se trouvèrent devenues, soit directement, soit par l'intermédiaire de leurs établissements, les véritables souveraines du royaume de Jérusalem.

Leur pouvoir eût été absolu, s'il n'avait été miné par les querelles qui éclataient à tout instant entre les colonies et, par suite, entre les villes rivales en Orient. Plusieurs partis se formaient dans les cités de la Syrie, soutenus par Gênes, ou par Pise ou par Venise. Chacun se donnait un chef de son choix et voulait l'imposer à la ville tout entière, quelquefois même au royaume. De là, des luttes sanglantes, où sombrèrent la prospérité des colonies européennes en Orient et le royaume latin lui-même.

Les colonies marseillaises n'atteignirent jamais un développement comparable à celui des colonies italiennes. Elles eurent cependant leur heure de prospérité. Leur fortune fut modeste au premier âge du royaume latin, mais, après la défaite de Saladin, quand Acre eut été reprise, notre commerce grandit tout d'un coup et nos colons devinrent beaucoup plus nombreux en Syrie. Cette prospérité dura jusqu'au milieu du xiii° siècle.

Les chartes concédées aux Marseillais sont nombreuses, quelques-unes remontent jusqu'aux premiers temps de l'établissement des Croisés en Orient. Il suffit de mentionner la charte de l'an 1103, par laquelle Raimond de Saint-Gilles, comte et marquis de Provence, donnait au monastère de Saint-Victor la moitié de la ville de Gibelet, située entre Tripoli et Béryte. On ne sait si cette

donation fut réalisée ; d'ailleurs elle procède d'une pensée pieuse
et le commerce de Marseille ne devait pas en profiter. Mais les
autres chartes concédées aux Marseillais par les rois ou les
princes latins ont toutes une importance considérable, bien que
toutes les clauses n'en aient sans doute pas été scrupuleusement
respectées.

Baudoin I, par exemple, devenu roi à la mort de Godefroi de
Bouillon, en 1100, permit aux Marseillais d'avoir à Jérusalem des
fours, qui leur fussent réservés et un quartier clos de murs où
aucun étranger ne pourrait entrer. Vingt ans plus tard Foulques,
troisième roi de Jérusalem, donna aux Marseillais une rue et une
église à Acre, à Jérusalem et dans toutes les villes du royaume.
A son tour Baudoin III, en reconnaissance des secours qu'il avait
reçus des Marseillais, donna à perpétuité à la communauté marseillaise une église, un four et une rue à Jérusalem et dans
chacune des villes latines. Il y ajouta un château-fort, appelé
Rame et situé entre Ascalon et Joppé, avec tous les animaux et
les serfs nécessaires pour cultiver le territoire qui en dépendait.
Ces donations devaient être respectées de tous, sous peine d'ex-
communication.

Aucune charte ne nous est restée, qui date de l'époque comprise
entre l'année 1152 et le siège d'Acre, en 1190. Mais nous avons
pour la fin du XII siècle et le commencement du XIII, trois
chartes très-importantes qui nous montrent sous son véritable
jour la situation des Marseillais en Orient. La première de ces
chartes fut concédée en 1190 par Guy de Lusignan ; la seconde
par Amaury, roi des Latins et de Chypre, en 1198; la dernière par
Jean de Brienne, en 1212. Il faut y ajouter la charte par laquelle
Conrad de Montferrat, en reconnaissance du secours que lui
avaient prêté les Marseillais dans la défense de Tyr, permettait
à nos colons d'avoir dans cette ville une cour de justice et des
consuls. Robert d'Ibelin, comte de Béryte, donna également un
peu plus tard aux Marseillais, établis dans ses états, le droit de
n'être jugés que par leurs consuls, même pour les procès qu'ils
pouvaient avoir avec des étrangers.

La charte de Guy de Lusignan est la plus étendue de toutes
celles que nous possédons. Elle confirme et augmente les anciens
privilèges commerciaux des Marseillais. Elle constitue la colonie marseillaise d'Acre, à laquelle elle accorde une cour de

justice ; mais elle passe sous silence les autres villes de Syrie, dont il était question dans les chartes précédentes. Amaury, par sa charte de 1198, confirme les anciennes immunités des Marseillais et y ajoute un « casal » situé dans l'île de Chypre et appelé Flacié, avec tout le personnel et le matériel d'exploitation. Enfin, dans la charte de Jean de Brienne, il n'est guère question que de cette rue qui allait de l'église Saint-Démétrius à une voûte obscure et dont les premiers rois de Jérusalem avaient déjà fait don aux Marseillais.

Essayons, à l'aide de ces documents, de montrer en quoi consistèrent les colonies marseillaises du Levant.

Ces colonies ne furent certainement pas nombreuses. Nos marchands fréquentaient surtout trois villes : Acre, Tyr et Béryte. Ils ne s'établirent guère ailleurs. Les rois Baudouin et Foulques avaient, il est vrai, donné aux Marseillais un four, une rue et une église à Jérusalem, mais avant que notre commerce se développât, Jérusalem était perdue et nos commerçants ne paraissent pas s'y être jamais établis.

La colonie marseillaise d'Acre était certainement beaucoup plus importante que celles de Tyr et de Beryte. Nos vaisseaux avaient coutume d'aborder à Acre. En outre, après la perte de Jérusalem, Acre fut, pour ainsi dire, la capitale du royaume. Les pèlerins s'y rendaient depuis longtemps et y venaient se rembarquer. Acre fut donc de bonne heure un très important marché. Il est sans cesse question de cette ville dans nos chartes. Les Marseillais y avaient un four particulier, une rue et un château. Ils y entretinrent un consul depuis le règne de Foulques jusqu'aux derniers temps de l'occupation.

Tyr était au second rang. Les Français y étaient venus en très-grand nombre dès le début des croisades ; mais ces français étaient surtout des commerçants de Montpellier et de Saint-Gilles. Ils s'étaient unis aux négociants de Barcelone pour former une colonie mixte, administrée par un consul unique. Une cour commune, présidée par un vice-consul, rendait la justice. Conrad de Montferrat fit don à la colonie d'un four et d'un palais appelé le *Palais-Vert*, où siégea la cour de justice.

Les Marseillais n'eurent probablement à Béryte ni four, ni rue, ni quartier, mais seulement un consul pour juger leurs procès. Mais, de l'institution de ce consul, on peut déduire la présence d'un certain nombre de commerçants. Les registres des Manduel et du notaire Amalric parlent souvent de Béryte. Mais ce n'est qu'assez tard que la colonie marseillaise de Béryte prit quelque extension. Elle n'atteignit d'ailleurs jamais la prospérité des colonies de Tyr et d'Acre.

Pour compléter cet aperçu de nos colonies en Orient, il faut au moins citer les établissements marseillais fondés à Alexandrie. Il y avait dans cette ville un fondouc marseillais. Les Croisades, en permettant à nos vaisseaux de se rendre en Syrie, ne les détournèrent pas d'Alexandrie. Nos rapports avec l'Egypte ne cessèrent, au contraire, de s'étendre, tant que dura l'empire latin de Jérusalem.

Des fondoucs de même nature étaient possédés par les Européens dans les principales villes de l'Afrique septentrionale. Marseille en avait notamment à Ceuta et à Bougie, où elle entretenait aussi des consuls. Ce n'était pas d'ailleurs les seules villes que fréquentassent ses marchands. Bon nombre de ses navires armaient à destination d'Oran, de Bône, de Tunis et de Tripoli (1).

Les colonies comprenaient en général des possessions territoriales, des rues ou quartiers, des fondoucs, des églises, des châteaux. Les marseillais n'eurent tout un quartier que dans la ville d'Acre. Ailleurs, ils possédèrent des maisons, des fondoucs, des fours et des châteaux.

Le fondouc était l'organe essentiel de la colonie. Il était généralement séparé des quartiers sarrazins ou des autres fondoucs par une enceinte continue. Souvent les diverses colonies européennes avaient juxtaposé leurs fondoucs, de manière à former un quartier, qu'on appelait le quartier franc.

On accédait dans le fondouc par une porte basse et fortifiée. Au centre était une cour, entourée d'un portique. Au milieu de la cour se trouvaient des arbres et une fontaine ; sous le portique s'ouvraient les boutiques des marchands et les ateliers des artisans. C'est là que s'entassaient les marchandises à vendre ou vendues. On y trouvait également les boutiques des changeurs et celles des écrivains publics qui dressaient les actes de vente ou d'échange.

Le fondouc comprenait aussi l'appartement du bailli, le prétoire

---

(1) Mas-Latrie, Traités, etc., p. 88 et suivantes.

et la prison. Ce corps de bâtiment, appelé la loge, était orné de colonnes et de statues. Au rez-de-chaussée était généralement la bourse des marchands, le prétoire où l'on rendait la justice et où le conseil général des colons se réunissait, enfin la prison. Au dessus l'appartement du Consul ou du Vicomte, s'il en existait un.

Gardons-nous d'omettre les fours et les bains. Chaque fondouc avait un four. Les bains faisaient quelquefois défaut. Alors on réservait aux colons, les bains publics, placés ailleurs, un jour par semaine.

Chaque colonie avait voulu avoir son église et son cimetière particuliers. L'une et l'autre étaient placés dans le fondouc. De là cette multitude d'églises et de cimetières dont on trouve encore les traces en Syrie.

Les fondoucs n'étaient pas seulement des entrepôts de marchandises. Outre les habitations des artisans, ils comprenaient encore des locaux assez vastes pour que tous les nationaux d'un pays pussent y trouver place, quand ils se rendaient en Syrie. Quelquefois, d'ailleurs, les colons eurent des boutiques hors du fondouc ; mais ce fait ne se produisit que rarement.

Les fondoucs et les colons n'étaient point justiciables des rois latins. Le consul était le seul juge des colons ; il avait aussi la police du fondouc. Quelquefois les princes sarrazins ordonnèrent de fermer les portes du fondouc avant le coucher du soleil et de ne les ouvrir qu'après son lever ; c'est ce qui avait lieu à Alexandrie ; mais en Syrie, pendant la domination latine, on ne prit aucune mesure de ce genre et si les fondoucs étaient fermés, c'était par mesure de précaution, du plein gré des colons.

Que faut-il penser des châteaux cédés aux colons par quelques rois latins ? Les princes avaient l'habitude, quand ils faisaient don d'un quartier ou d'un fondouc à des négociants, de leur céder en même temps les jardins voisins de l'un ou de l'autre.

Venise, Gênes ou Pise, quand elles obtinrent la concession de quartiers à Acre, Tyr ou Béryte reçurent aussi la part du territoire de la ville qui avoisinait ces quartiers. Marseille n'obtint jamais de si grands avantages. Cependant Baudouin III céda aux marseillais un château nommé Rame et Amaury, un autre château appelé Flacie. Ces concessions avaient, croyons-nous, une certaine importance. Les domaines dont il s'agit abondaient en oliviers, vignes, figuiers, cannes à sucre. Ils fournissaient un élément considérable, non seulement à la vie des colons, mais même au commerce d'exportation. Cependant, comme les colonies de Syrie étaient exclusivement commerciales, on ne vit jamais les colons cultiver eux-mêmes leurs domaines : ils les faisaient exploiter par des agriculteurs indigènes, auxquels ils abandonnaient les deux tiers, quelquefois même les trois quarts des récoltes.

L'administration de la colonie appartenait presque exclusivement au consul. Les documents ne parlent que des consuls marseillais d'Acre, de Tyr et de Béryte. Mais ce n'étaient probablement pas les seuls. Il y en avait sans doute dans toutes les villes, où les Marseillais faisait le commerce.

Le Consul n'était pas élu par les colons, mais choisi par le recteur de la communauté marseillaise, avec l'assentiment des syndics, clavaires et maîtres de métiers. Cependant, s'il se trouvait quelque part vingt marchands ou même dix, ils pouvaient choisir ou déléguer à quelques-uns d'entre eux le droit de choisir un consul, lequel serait investi des mêmes pouvoirs que le consul venu de Marseille, mais jusqu'à l'arrivée d'un consul en titre seulement.

La durée des fonctions consulaires ne dépassait pas un ou deux ans, car on avait à craindre des abus de pouvoirs. Aucun commerçant ne pouvait être consul, sauf l'exception citée plus haut.

Les consuls devaient se recommander par leur science, leur discrétion et leur probité. Avant d'entrer en fonctions, ils devaient jurer de s'acquitter fidèlement de leur office et de sauvegarder les intérêts des commerçants. Toute négligence de leur part était punie d'une amende de vingt cinq livres de royaux coronats, prononcée par le Recteur de Marseille.

Les consuls étaient investis d'une double fonction. Ils avaient charge des intérêts de la colonie ; et, d'autre part, ils étaient juges en bien des cas.

En ce qui concernait les intérêts commerciaux de leur nation, les consuls avaient des attributions très étendues. Ils étaient les intermédiaires obligés entre les princes latins et les colons ou négociants. Ils veillaient à ce que les immunités et privilèges accordés à ces derniers fussent maintenus par les souverains et respectés par les étrangers. Les statuts marseillais avaient multiplié les prescriptions à cet égard. Ils énumèrent en détail et avec la plus grande précision les devoirs des consuls d'outre-mer, dans tout ce qui concerne le commerce.

Le Consul avait encore la police du fondouc. Il devait y maintenir le bon ordre et la décence, arrêter ou prévenir tout bruit séditieux, empêcher la débauche de s'y donner carrière. Il prêtait un serment spécial au sujet des prostituées.

D'ailleurs, dès qu'il s'agissait d'une affaire d'importance, il ne pouvait statuer que sur l'avis de ses conseillers. Ce qu'étaient ces conseillers, les documents ne nous le disent pas; ils ne font mention que des assesseurs du Consul en matière judiciaire; mais leur rôle était certainement très actif, si l'on en juge par les prescriptions des statuts.

Enfin, le Consul devait prendre pour règle de conduite les décisions des recteurs de Marseille et, si ces magistrats avaient statué, faire exécuter strictement leurs jugements ou leurs ordres.

Les fonctions judiciaires des consuls avaient une extrême importance. Mais, ici, le consul ne décidait jamais seul. Les statuts de Marseille lui prescrivaient de s'adjoindre, pour le jugement des procès, deux de ses meilleurs et plus capables conseillers, dont le concours était nécessaire pour la validité des arrêts. En outre un greffier, Marseillais d'origine, s'il était possible, devait rédiger et conserver tous les actes, témoignages et autres pièces des procès. A défaut de greffier, un écrivain de navire devait tenir registre de la procédure.

Les décisions des consuls étaient tout aussi valables que celles des recteurs de Marseille. Toutefois, la partie qui avait succombé pouvait en appeler à la Cour de Marseille, dans le mois qui suivrait son retour dans cette ville. Le Recteur, d'accord avec les conseillers ou la majorité d'entre eux, pouvait réformer les arrêts des consuls.

Pour éviter tout abus, les statuts avaient fixé les émoluments des consuls. S'il s'agissait d'une somme inférieure à douze besans, le consul percevait un tiers de cette somme ; s'il s'agissait d'une somme supérieure, le dixième seulement. Mais, à son retour à Marseille, le consul devait verser la moitié de la somme qu'il avait reçue dans la caisse de l'université, en même temps qu'il déposait aux archives le registre des procès.

La compétence du Consul, en tant que juge, ne s'étendait d'ailleurs qu'aux procès commerciaux ou à quelques légers délits. Les rois et princes latins, qui avaient permis dans leurs états l'établissement de consuls, s'étaient réservé le jugement des crimes, sans quoi les consuls eussent été plus puissants qu'eux-mêmes. Presque toutes les chartes qui investissent les consuls d'une juridiction civile ou criminelle en exceptent les vols, l'homicide, la fabrication de fausse monnaie, le viol ou rapt, réservant expressément au souverain le jugement de pareils crimes. On comprend trop bien de pareilles restrictions. Au reste, et à cette exception près, les colonies étaient presque indépendantes. Elles ne payaient pas d'impôts; leur commerce n'était sujet à aucune réglementation de la part des princes latins; elles possédaient d'immenses domaines et une richesse incomparable. Elles étaient les vraies maîtresses de l'Orient et l'on comprend sans peine qu'à un moment donné, elles aient pu supplanter l'autorité royale ou la forcer de s'incliner devant elles.

CONCLUSION.

Le commerce de Marseille avec l'Orient, à l'époque des croisades, fut loin d'égaler par son importance, celui des républiques italiennes; de même, les établissements marseillais en Syrie ne prirent jamais une extension pareille à ceux de Pise, Gênes ou Venise. Cependant, si Marseille fut loin d'obtenir le premier rang dans le Levant, ses efforts et ses succès n'y furent point médiocres. Son pouvoir politique n'y fut jamais prépondérant, mais son influence s'y fit vivement sentir depuis les premiers temps de la conquête jusqu'à la fin même de l'occupation chrétienne.

La situation de Marseille, considérée comme ville étrangère par les rois de France eux-mêmes, l'empêcha de monopoliser à son profit le transport des croisés et des pèlerins français, qui se rendaient en Terre-Sainte. Les grands convois formés par les armées croisées partirent rarement de Marseille. C'est même des étrangers que Marseille retira, à ce point de vue, le plus de profit. Elle n'eut jamais, d'ailleurs, de ces flottes immenses qui pouvaient suffire, comme celle de Venise par exemple, à une croisade tout entière. Elle retira plus d'avantages du transport des pèlerins, parce qu'il s'agissait ici d'expéditions continues, de flottes peu nombreuses et d'entreprises particulières. Le transport des pèlerins était comme la menue monnaie des croisades et Marseille était mieux préparée qu'aucune autre ville à un commerce de détail.

De même, les Marseillais ne réalisèrent jamais dans le commerce d'importation ou d'exportation des bénéfices comparables à ceux de Gênes par exemple. On a vu cependant qu'ils transportèrent une grande quantité de denrées orientales et d'épices en Occident et que, s'ils n'eurent pas le monopole des transports à destination de la France, en revanche, ils contribuèrent a approvisionner l'Afrique, l'Espagne, l'Allemagne et l'Angleterre.

Les colonies marseillaises en Syrie ne peuvent se comparer à celles des républiques italiennes. Elles furent fondées beaucoup plus tard que celles de Gênes, de Venise et surtout de Pise et d'Amalfi. Au lieu de s'étendre sur tout le littoral et même, comme les colonies italiennes le firent, dans l'intérieur, elles se bornèrent à peu près complètement aux villes d'Acre, de Tyr et de Béryte. Ici même, au lieu de vastes quartiers comme Gênes, de palais et de tours comme Venise, elle n'eut guère que des fondoucs. Ses consuls avaient une situation bien modeste au regard de ce baile de Venise qui, établi tantôt à Acre et tantôt à Tyr, semblait le maître de la Syrie et presque le roi de l'Orient. Enfin, Marseille n'appuyait pas son influence en Syrie par de vastes possessions à Rhodes, à Chypre où à Constantinople.

On a vu cependant que le commerce avec l'Orient fut au XIII° siècle, un des éléments principaux de la prospérité de Marseille. Les Marseillais eurent, en effet une situation honorable, sinon prépondérante en Syrie, où personne ne pouvait lutter avec eux, les trois grandes cités italiennes exceptées. Leur influence se fut longtemps maintenue dans tout le Levant, si des évènements d'ordre divers n'étaient bientôt venus la compromettre.

La fin du XIII° siècle marque une époque critique dans l'histoire politique et commerciale de Marseille. C'est le moment où la vieille cité phocéenne, perdant une indépendance si habilement et si laborieusement conquise, voit une dynastie nouvelle, celle d'Anjou, s'établir en Provence et revendiquer sur son administration intérieure, une part d'autorité bien supérieure à celle dont s'étaient contentés les Bérengers et les Bosons. En même

temps les guerres faites par les comtes d'Anjou pour la possession de la Sicile absorbent une partie de ses ressources et com-
promettent ses relations avec les villes italiennes. Même si la
catastrophe, qui détruisit les établissements chrétiens en Orient,
ne se fut pas produite, peut-être Marseille n'aurait-elle pas pu
soutenir sa fortune dans le Levant : le cours que prirent ses
destinées ne le lui eût sans doute pas permis.

L'avènement même de Charles d'Anjou ne se produisit pas sans
des luttes, où Marseille eut fort à souffrir. Les cités provençales,
même après le mariage du comte et de Béatrix, héritière de
Raimond Bérenger ([1]), ne renoncèrent pas à leurs priviléges.
Au contraire, elles prirent les armes contre leur nouveau souverain et s'allièrent avec quelques cités voisines, notamment avec
Avignon. Charles d'Anjou, qui d'abord avait fait peu de cas de
cette révolte, dut soutenir une lutte sérieuse. Si Arles se soumit
assez vite, Marseille résista six mois. Après la conquête de la
ville inférieure, la cité se rendit, mais non sans conditions. Un
traité fut signé par lequel Charles conservait à Marseille quelques-
unes de ses libertés ; mais un baile, nommé par le comte, fut
chargé du gouvernement de la ville. Charles ne se contenta pas
longtemps de ce partage du pouvoir, et devant ses nouvelles
entreprises, les Marseillais n'osèrent résister. De nouveaux *chapitres de paix* furent signés, moins favorables que les précédents
à l'indépendance marseillaise.

Du moins les négociateurs s'efforcèrent-ils de sauvegarder
autant qu'ils le purent les intérêts du commerce marseillais. Les
citoyens de Marseille devaient être exempts de tous les impôts
qui se percevaient sur le sel, le blé, les salaisons, l'huile, le miel
et tous les fruits et denrées vendus dans la ville. Mais le comte
devait nommer les consuls chargés d'administrer les colonies
marseillaises d'outre-mer.

En ce qui concerne spécialement les établissements du Levant,
Charles d'Anjou les prenait sous sa protection particulière. Par un
chapitre de paix spécial, il promettait d'agir de tout son pouvoir
pour faire recouvrer aux Marseillais toutes les franchises et
priviléges qu'ils avaient autrefois obtenus. Quelques années plus
tard, devenu, grâce à l'appui des Provençaux, roi des Deux

(1) Mort en 1245.

Siciles et de Jérusalem, Charles confirma les immunités accordées aux Marseillais par les rois latins. Mais cette protection officielle n'eut pas les résultats qu'on en pouvait attendre ; elle ne valut pas l'ancienne indépendance.

Quant aux guerres que Charles d'Anjou fit pour conquérir la Sicile, elles portèrent un coup fatal à la marine marseillaise. Les luttes qui suivirent n'étaient pas faites pour la relever. Marseille vit aussi se rompre les alliances qui l'unissaient auparavant aux républiques italiennes et qui avaient été si utiles à ses intérêts commerciaux. Déjà sa situation commerciale dans la Méditerranée était menacée, quand les rivalités des colonies d'Orient entre elles et les victoires des Sarrazins vinrent porter le dernier coup aux établissements européens en Syrie.

Les relations des princes latins avec les colonies européennes de Syrie n'avaient pas toujours été amicales. Les rois de Jérusalem avaient souvent manifesté leur mauvais vouloir à l'égard d'établissements trop étendus et trop puissants à leur gré. Ce n'est pas toujours sans peine que les républiques italiennes purent conserver les possessions qui leur étaient garanties par les traités, ni les immunités que les chartes leur avaient accordées. La juridiction de leurs consuls, l'exercice de leur religion elle-même, ne furent pas à l'abri des entreprises des princes chrétiens. Ce fut là la source de luttes qui ne profitèrent ni aux colonies, ni au royaume de Jérusalem, et d'où les colonies sortirent d'ailleurs presque toujours victorieuses.

Les rivalités des colonies entre elles et celles de leurs métropoles leur furent encore plus pernicieuses. Les luttes d'Amalfi et de Pise, de Pise et de Venise, de Venise et de Gênes sont restées célèbres. Pour nous en tenir à ce qui regarde Marseille, il est certain que les Marseillais eurent longtemps à lutter contre Gênes. Cette ville qui avait toujours porté envie aux villes françaises de la Méditerranée, essaya de profiter des prétentions du comte de Raimond VII, pour ruiner définitivement Marseille. Un traité fut signé par lequel la Provence devait être envahie et partagée entre les contractants : Raimond VII devait avoir la Provence occidentale, Marseille elle-même serait échue à Gênes. Aucun vaisseau n'aurait pu aller de Marseille en Sicile, ni se rendre à Marseille s'il n'était venu de Gênes. Ces projets ne tardèrent pas à s'évanouir : ils montrent du moins quels périls menaçaient le commerce marseillais dès la fin du XIIe siècle.

Marseille trouvait des rivales même parmi les villes françaises de la Méditerranée, Montpellier par exemple. Les commerçants de Marseille et ceux de Montpellier se faisaient la guerre à Acre. Le préjudice que ces deux villes se portaient l'une à l'autre était considérable. Aussi le roi Louis ix et le pape Alexandre iv unirent-ils leurs efforts pour mettre fin à de pareils conflits. En 1257, Montpellier fut condamné envers Marseille à une amende de soixante mille sous royaux. Mais la lutte ne cessa point pour cela; elle persista, au contraire, jusqu'aux victoires définitives des Sarrazins.

Dès cette époque, en effet, la catastrophe finale semblait à redouter. Bibars, maître de l'Egypte avait envahi la Syrie et s'était emparé de Césarée, d'Arsouf, de Joppé, d'Antioche et de Gibelet (1265-1268). Après la mort de Bibars, Kelavoun, son successeur, poursuivit la lutte avec une énergie plus grande encore. Il prit Laodicée, l'antique rivale d'Alexandrie, Tripoli et enfin Acre qui fut vaillamment défendue, surtout par la colonie pisane. La résistance cessa presque entièrement après la prise d'Acre. Les colons européens abandonnèrent la Syrie et Kelavoun put s'emparer presque sans coup férir de Tyr, de Sidon, de Béryte et de Tortose. Les latins ne conservaient plus rien en Syrie. Jacques de Vitry qui a raconté l'histoire de la chute du royaume croisé, met au premier rang parmi les causes de la défaite les rivalités des colonies. On peut remarquer, en effet, que lorsqu'elles s'unirent, les colonies résistèrent victorieusement aux Sarrazins. C'est seulement à la faveur des guerres civiles que ceux-ci purent triompher.

La défaite des croisés n'entraîna pas la disparition de tout commerce entre l'Occident et l'Orient. Chypre recueillit, pour quelque temps, une partie de l'héritage commercial de la Syrie. Mais tandis que Venise, Gênes, Pise, Florence et même Barcelone, Narbonne et Montpellier entretenaient de fréquentes relations avec cette île, les Marseillais ne s'y rendaient que très rarement.

Au contraire, ils affluèrent à Alexandrie. Ils conservèrent et augmentèrent même les possessions qu'ils avaient dans cette ville, fondoucs, boutiques, maisons ou palais. En dépit des défenses des papes et de l'opposition des rois de Chypre, le commerce d'Alexandrie et de l'Egypte prospéra longtemps. Avec Marseille, Venise, Gênes, Pise et Barcelone y prenaient la plus grande part. Les

projets de croisades que formaient les princes chrétiens entretenaient, il est vrai, entre les sultans et nos nationaux une sorte
d'hostilité. La prise d'Alexandrie par Pierre Iᵉʳ, roi de Chypre, en
1370, compromit un instant le commerce de cette ville, mais il
fallut la découverte de la nouvelle route des Indes et la conquête
des Osmanlis pour le ruiner complètement.

Quant aux rapports entre Marseille et l'Afrique septentrionale,
malgré la croisade de Tunis, ils persistèrent plus longtemps
encore. Moins nombreux peut-être qu'au milieu du XIIIᵉ siècle,
nos navires continuèrent cependant à fréquenter les ports de Ceuta,
d'Oran, de Bougie, de Bône, de Tunis. Vers la fin du XVᵉ siècle,
Louis XI, devenu comte de Provence, s'efforçait de développer les
relations qui existaient du temps du roi Réné d'Anjou, entre la
Provence et l'Afrique. Plus tard, la conquête turque et l'établissement des régences, en faisant du Maghreb le centre de la piraterie,
en chassèrent les Marseillais comme les autres européens. Mais
ce ne fut là, pour ainsi dire, qu'un accident passager. Dès qu'un
peu d'ordre se rétablit, nos navires reprirent la route accoutumée :
nous eûmes en Afrique quelques stations, et quand la France s'est
établie en maîtresse sur le littoral africain; elle a pu invoquer
pour légitimer sa conquête non seulement l'intérêt de l'un et
l'autre pays, mais aussi des droits séculaires et des relations
presque ininterrompues.

www.ingramcontent.com/pod-product-compliance
Lightning Source LLC
LaVergne TN
LVHW020056090426
835510LV00040B/1693